Tonke Dennebaum

Urknall
Evolution
Schöpfung

Tonke Dennebaum

Urknall
Evolution
Schöpfung

Glaube contra Wissenschaft?

echter

Bibliografische Information der Deutschen Nationalbibliothek
Die Deutsche Nationalbibliothek verzeichnet diese Publikation in der Deutschen Nationalbibliografie; detaillierte bibliografische Daten sind im Internet über ‹http://dnb.ddb.de› abrufbar.

www.echter-verlag.de
Umschlag: Peter Hellmund (Foto: gettyone)
Satz: Hain-Team, Bad Zwischenahn
Druck und Bindung: Druckerei Friedrich Pustet, Regensburg
ISBN 978-3-429-03034-6

Inhalt

Geleitwort

Früher gab es zwischen Naturwissenschaft und Theologie/ Kirche, besonders in Zeiten des Materialismus und Darwinismus, heftigen Streit. Die Theologie hatte sich manchmal an zeitbedingte Weltbilder gebunden, die Wissenschaften enthielten weltanschauliche Voraussetzungen. Im Lauf des 20. Jahrhunderts ist diese Auseinandersetzung in vielen Bereichen sachlicher geworden. Die Theologie anerkannte die Eigengesetzlichkeit der Wissenschaften, bedeutende Wissenschaftler redeten von Gott. Aber im Lauf der Zeit hat dieses allmählich schiedlich-friedliche Verhältnis auch zu einer Gleichgültigkeit geführt. Der Dialog blieb oft aus. In jüngster Zeit gab es jedoch ein neues Erwachen: Ein „Naturalismus", der alles innerweltlich erklären zu können vorgab, und eine wortwörtliche Schriftauslegung, vor allem in den USA, erstarkten und schufen neue Konflikte.

Die Theologie war für diese Auseinandersetzung nicht so gut gerüstet. Es gab zwar wichtige hochspezielle wissenschaftliche Untersuchungen, aber sie erreichten nicht nur schwer eine größere Öffentlichkeit. Es gab auch nur eine Handvoll Theologen, die zugleich kompetente Gesprächspartner waren. Dies hat sich langsam geändert und verbessert.

Zu dieser neuen Situation gehört auch dieses Buch eines bald 35-jährigen jungen Theologen, Dr. theol. Tonke Dennebaum, Priester des Bistums Mainz, der zuerst eine anerkannte Dissertation zum Thema schrieb *(Kein Raum mehr für Gott? Wissenschaftlicher Naturalismus und christlicher Schöpfungsglaube,* Würzburg 2006) und nun darüber eine eigene

Schrift verfasst hat, die bei aller Anstrengung des Denkens einen breiteren Leserkreis sucht.

Der Verfasser ist sehr gut belesen, besonders im angelsächsischen Bereich. Mit jugendlichem Schwung geht er die Probleme an. Er spürt oft verborgene weltanschauliche und philosophische Voraussetzungen auf. Verlässlich-sachlich und gelegentlich munter-angriffslustig verteidigt er mit guten Gründen die biblischen Glaubensgehalte. Er versteht die neue, nun wieder fällige Auseinandersetzung als willkommene Herausforderung. Wer noch mehr wissen will, muss zu dem genannten umfangreicheren Buch und zur dort verzeichneten Literatur greifen.

Der Leser kann sich dem Verfasser anvertrauen. Er wird beim Gang durch die Fragen reich belohnt. Ich wünsche dem Buch, für das ich Autor und Verlag danke, eine gute Aufnahme und viele interessierte Leser.

Mainz, im September 2008

Karl Kardinal Lehmann
Bischof von Mainz

Vorwort

In Radio und Fernsehen ist es üblich, zu bestimmten Themen Experten ins Studio einzuladen und zu befragen. Es handelt sich dabei um Fachleute, die dem Publikum die Zusammenhänge in der Politik oder beim Fußball erklären, über die Verwandtschaftsverhältnisse in den Königshäusern Europas fachsimpeln oder einfach nur Tipps zur Gestaltung der eigenen vier Wände geben.

Es ist ohne Frage sinnvoll, dass uns auf diese Weise die mehr oder minder wichtigen Themen des Lebens näher gebracht werden. Eines jedoch steht fest: Wenn es um die grundlegenden Fragen der Menschen geht, sind nicht nur die Experten gefragt. Jeder Einzelne wird in die Verantwortung genommen für seine Entscheidungen. So muss auch die Frage nach der Bedeutung der Religion jeder selbst für sich entscheiden. Für alle, die im Glauben „ja" sagen zu einem allmächtigen, liebenden und ewigen Gott, tun sich weitere Fragen auf: Ist es vernünftig, wenn Christen glauben, dass dieser Gott die Welt erschaffen hat? Können der Glaube und die Naturwissenschaften in der Welt von heute miteinander vereinbart werden?

Im Folgenden soll es nicht darum gehen, nach Expertenart Ergebnisse zu präsentieren. Stattdessen wird der Leser direkt in die Diskussion mit hineingenommen. Es besteht die Hoffnung, dass er so in die Lage versetzt wird, selbst zu entscheiden, wie Glaube und Wissenschaft zusammengehören und welche Konsequenzen daraus zu ziehen sind.

Bei der Entstehung dieses Buches haben eine Reihe von Menschen mitgewirkt, denen ich an dieser Stelle herzlich danken möchte. An erster Stelle gilt mein Dank dem Bischof von Mainz, Karl Kardinal Lehmann, der mit den freundlichen Zeilen seines Geleitwortes in die Thematik einführt. Durch seine Unterstützung und Förderung ist die Entstehung dieses Buches erst möglich geworden. Darüber hinaus bedanke ich mich besonders bei Fabian Büchler, Juliana Büchler, Christian Feuerstein, Pfarrer Markus Lerchl, Patrick Matheisl, David Schroth und Viktoria Schroth, die das Manuskript gelesen und durch Nachfragen und konstruktive Hinweise zu seiner Verbesserung beigetragen haben. Ein herzliches Dankeschön gilt ebenso dem Lektor des Echter Verlags, Heribert Handwerk.

Mainz, im September 2008

Tonke Dennebaum

I.

Glaube contra Wissenschaft: Ein Dialog ohne Zukunft?

Kein Raum mehr für Gott?

„Wo wäre dann noch Raum für einen Schöpfer?“[1] – Der Mann, der diese Frage stellt, heißt *Stephen Hawking*, und er ist weder Theologe noch Philosoph. Er zeigt kein besonders großes Interesse an den Schöpfungsberichten der Bibel. Die moderne Diskussion über das Verhältnis von Glaube und Naturwissenschaft spricht er zwar immer wieder kurz an – aber die Zeit für eine ausführliche Untersuchung nimmt er sich nicht. Stephen Hawking, britischer Astrophysiker und Nachfolger von Isaac Newton auf dem Lukasischen Lehrstuhl an der Universität Cambridge, stellt die Frage nach dem Schöpfer der Welt – und bietet Antworten, die nichts mit Religion, dafür aber sehr viel mit Mathematik, Physik und Kosmologie zu tun haben.

Die Suche nach dem Grund und Ursprung allen Lebens gehört seit Beginn der Menschheitsgeschichte zu den wichtigsten Themen menschlichen Denkens und Fragens. Die Ergebnisse dieser Suche könnten unterschiedlicher kaum sein. Vom Schöpfungsmythos der Babylonier bis zur Urknalltheorie reicht die Bandbreite der Antworten, die Menschen im Laufe der Jahrtausende gegeben haben. Es liegt auf der Hand, dass es auch heute für den Glauben an Gott eminent wichtig ist, wie diese Antworten aussehen. Lassen die Vorschläge Hawkings und seiner Kollegen Raum für einen Gott? Sind sie plausibel und wissenschaftlich gut fundiert oder bleibt vieles vage und ohne Begründung?

Das Ringen um gute und verlässliche Antworten scheint umso wichtiger zu sein, als Hawking eben kein studierter Philosoph ist, von dem man erwarten könnte, dass er von Berufs wegen solche Fragen stellt. Hawking ist einer der populärsten Naturwissenschaftler unserer Zeit, und wie es aussieht, gehen von seinen Erkenntnissen fundamentale Anfragen an die Grundlagen des Glaubens aus.

Dabei erweist er sich als echter Gentleman. Er hält keine simplen und endgültigen Antworten parat, sondern macht nach seinen kurzen Ausflügen in die Religionsphilosophie immer wieder einen raschen Schwenk zurück zu Relativitätstheorie oder Quantenmechanik. Er überlässt es seinen Lesern, die richtigen Schlussfolgerungen und Konsequenzen zu ziehen. Dennoch gilt, unabhängig davon, wie diskret Hawking seine populären Thesen präsentiert: Für die Leser seiner *Kurzen Geschichte der Zeit*, eines der erfolgreichsten Sachbücher überhaupt, bietet sich im Grunde nur eine sinnvolle Deutung der Zusammenhänge an. Der Nachfolger Newtons, Stephen Hawking, hat ein Modell von der Entstehung der Welt entwickelt, das wissenschaftlich ist, das brillant zu sein scheint – und das ohne Gott auskommt. Wenn dieses Modell unsere Welt korrekt beschreibt, dann gäbe es nichts mehr zu tun für einen Schöpfer. Das Universum wäre sich selbst genug. Die Antworten auf die großen Fragen nach der Entstehung des Lebens könnten keine Antworten des Glaubens oder der Religion mehr sein, sondern ausschließlich der modernen Wissenschaften.

Kein Gespräch mehr möglich?

Damit scheint sich zu bestätigen, wovon die Vertreter des *wissenschaftlichen Naturalismus* schon lange überzeugt sind: Die wahre Erkenntnis und Einsicht über die Grundlagen der Welt und unseres Daseins kann man nicht gewinnen, wenn man die biblische Überlieferung in den Blick nimmt oder nach theologischen Antworten sucht. Der Naturalismus geht davon aus, dass die jahrtausendealten religiösen Überlieferungen und Mythen in der Welt des 21. Jahrhunderts allenfalls von kulturgeschichtlicher Bedeutung sind. Echte Erklärungen über unsere Welt würden hingegen nur noch die nüchternen und wissenschaftlichen Erkenntnisse liefern, die von Fachleuten in den Laboratorien, Instituten und Sternwarten gewonnen werden. Es ginge demnach nicht mehr um Weltanschauungen und Religionen, sondern um die reine Erkenntnis und die Vermehrung des Wissens der Menschheit – bis am Ende alle Fragen, die sich überhaupt sinnvoll stellen lassen, von den Wissenschaften beantwortet wären.

Stephen Hawking und eine ganze Reihe weitere Forscher lassen bei der Darstellung ihrer Theorien und Modelle oftmals keinen Zweifel aufkommen: Die Wissenschaften stehen bereit, endgültige Lösungen zu präsentieren. Die Welt hat sich gewandelt, der Übergang vom Mythos zum Wissen kann tatsächlich vollzogen werden, die Bedeutung – oder Nichtbedeutung – von Glaube und Religion muss von allen aufgeklärten Menschen völlig neu überdacht und akzeptiert werden.

Lassen sich die großen Erwartungen, die hier geweckt werden, tatsächlich erfüllen? Können die Wissenschaften wirklich *alles* beschreiben und erklären, die kleinsten Details ebenso wie die großen Fragen nach dem Warum der Entstehung unserer Welt? Und wie soll die christliche Theologie auf diesen Anspruch der Naturalisten reagieren? Macht es überhaupt Sinn, dass Theologen und Naturwissenschaftler das Gespräch miteinander suchen?

Man könnte durchaus der Auffassung sein, dass diese Gespräche endgültig der Vergangenheit angehören sollten. Ein Blick zurück auf die Entwicklungen und Veränderungen der vergangenen Jahrhunderte scheint eindeutig zu belegen, dass die Zeiten vorbei sind, in denen fromme Mönche, von Forschungsdrang beseelt, die Welt der Religion und der Wissenschaft miteinander verbinden konnten.

Die Namen zweier bedeutender Naturwissenschaftler stehen bis heute geradezu symbolisch dafür, wie sehr sich Glaube und Wissenschaft voneinander entfernt haben: Galileo Galilei und Charles Darwin. An die 400 Jahre sind vergangen, seit *Galilei* (1564–1642) von Papst *Paul V.* (1552–1621) verurteilt wurde, weil die Kirche nicht akzeptieren wollte, dass die Erde nicht im Mittelpunkt des Universums steht und Galileis Beobachtungen richtig sind. Beinahe 250 Jahre später, im Jahre 1859, stand dann nicht mehr die Kosmologie, sondern die Biologie im Zentrum der Auseinandersetzung. *Charles Darwin* (1809–1882) veröffentlichte seine Schrift *Über die Entstehung der Arten durch natürliche Zuchtwahl.* Um das Wunder der Existenz des Lebens zu erklären, musste Darwin auf keinen Schöpfergott und auf keine Arche Noah verweisen. Stattdessen formulierte er eine einfache, natürliche Erklärung: Die Evolution, also das Zusammenwirken von Mutation und Selektion, beschreibt und erklärt die Vielfalt des Lebens in unserer Welt, ohne dass man Gott ins Spiel bringen muss.

Darwin selbst hat sich an den Spekulationen über die religionsphilosophischen Konsequenzen seiner Forschungen kaum beteiligt. Dennoch sieht es spätestens seit seinen Entdeckungen so aus, als wäre das Tischtuch zwischen Wissenschaft und Religion endgültig zerschnitten. Die Anhänger

Darwins ließen es nicht bei der Evolutionstheorie bewenden, sondern entwickelten den Darwinismus. Aus der wissenschaftlichen Theorie wurde eine Weltanschauung, die von Grund auf atheistisch ist. Die Vertreter der Kirche reagierten darauf mit schroffer Ablehnung und zogen sich auf ihre Dogmen zurück. Es schien, als müsste sich spätestens von diesem Zeitpunkt an jeder Mensch entscheiden: zwischen Glaube und Vernunft, zwischen Religion und Wissenschaft, zwischen alten Dogmen und der Welt von heute.

Bis in die Gegenwart hinein wird die Situation als verfahren empfunden. Zwar betonen die Theologie und die katholische Kirche schon seit vielen Jahrzehnten, dass sich die Evolutionstheorie und der Glaube an den Schöpfergott durchaus miteinander vereinbaren lassen, doch erheben sich auch immer wieder andere Stimmen. Vor allem in Nordamerika predigen evangelikale Christen mit großem Erfolg, dass die Schöpfungsberichte der Bibel wörtlich zu verstehen sind. Die kirchliche Tradition geht von Beginn des Christentums an davon aus, dass Glaube und Vernunft grundlegend zusammengehören und wie „die beiden Flügel" sind, mit denen der Mensch zur Wahrheit gelangen kann.[2] Dennoch haben die so genannten Kreationisten (von lateinisch *creatio*, Schöpfung) bei zahlreichen Menschen Erfolg mit ihrer Behauptung, dass die modernen Naturwissenschaften völlig falsch liegen und mit dem Glauben der Bibel nicht vereinbar sind.

Wie es aussieht, sind die Fronten grundlegend verhärtet. Die Vertreter des Naturalismus möchten auch die letzten Fragen unserer Existenz rein wissenschaftlich erklären und jede religiöse Deutung von vorneherein ablehnen. Unterstützung erhalten sie gerade auch in neuerer Zeit von einigen angelsächsischen Autoren. Statt mit britischer Zurückhaltung wird die Auseinandersetzung dabei eher im Stil eines Boxkampfes ohne Regeln geführt. Auf besondere wissenschaftliche Präzision oder komplexe logische Argumente wird verzichtet. Stattdessen bedient man mit Hilfe einer mal mehr, mal weniger unterhaltsamen Rhetorik die etwas einfältige Vorstellung, alle Religionen seien von Grund auf fundamentalistisch, irrational und menschenfeindlich.

Während also einige wissenschaftsbegeisterte Autoren die Diskussion zwar lautstark führen, jedoch weniger durch argumentative Brillanz bereichern, verkünden am gegenüberliegenden Ende der Skala die christlichen Kreationisten ihre Thesen immer vernehmbarer. Obwohl sie sich als bibeltreu verstehen, verabschieden sie sich dabei von alledem, was eine ernstzunehmende Theologie – von den frühen Kirchenvätern bis zu den Exegeten unserer Tage – über den Schöpfungsglauben der Bibel zu sagen hat.

Der Naturalismus – weltanschaulich neutral oder atheistisch?

Wenn es darum geht, die christliche Schöpfungslehre so zu formulieren, dass sie den Glauben an die Erschaffung der Welt durch einen liebenden Gott mit dem aktuellen Stand der wissenschaftlichen Forschung in Einklang bringt, dann ist es notwendig, einen gut fundierten Mittelweg zwischen den beiden Extrempositionen zu gehen. Die entscheidende Herausforderung besteht dabei wohl nicht in der Zurückweisung des Kreationismus. Nicht nur die wissenschaftlichen Erkenntnisse unserer Zeit, sondern auch die kirchliche Tradition spricht hier eine eindeutige Sprache. Bei der Auslegung der biblischen Texte – und damit auch der Schöpfungsberichte der Heiligen Schrift – geht es nicht um ein wortwörtliches Verständnis, sondern darum, den eigentlichen Sinn und die Aussageabsicht der Verfasser zu ermitteln. So bezieht sich etwa das Zweite Vatikanische Konzil (1962–1965) auf Texte des Kirchenvaters *Augustinus von Hippo* (345–430), wenn es lehrt, dass „Gott in der Heiligen Schrift durch Menschen nach Menschenart gesprochen“ habe:

„Will man richtig verstehen, was der heilige Verfasser in seiner Schrift aussagen wollte, so muss man schließlich genau auf die vorgegebenen umweltbedingten Denk-, Sprach- und Erzählformen achten, die zur Zeit des Verfassers herrschten.“[3]

Nicht so eindeutig ist die Sachlage in Bezug auf den wissenschaftlichen Naturalismus. Die Naturalisten nehmen für sich in Anspruch, dass sie nichts anderes tun, als die Erfolgsgeschichte der wissenschaftlichen Erklärungen der vergangenen Jahrhunderte aufzugreifen und konsequent zu Ende zu denken. Der Naturalismus ist zwar atheistisch, behauptet aber, dass er sich nicht auf weltanschauliche oder philosophische Gründe berufen muss, um von der Nichtexistenz Gottes überzeugt zu sein. Naturalisten gehen davon aus, dass es ausreicht, allein auf die Kraft und Reichweite der Wissenschaft zu vertrauen.

In den folgenden Kapiteln wird es daher auch darum gehen, diese Position auf ihre Stichhaltigkeit hin zu überprüfen. Dabei könnte sich herausstellen, dass der Naturalismus falsch liegt, wenn er behauptet, weltanschaulich neutral zu sein. Möglicherweise denken auch die Naturalisten nicht anders als etwa der amerikanische Philosoph *Thomas Nagel*. Dieser beschreibt seine Position mit entwaffnender Ehrlichkeit. Er glaubt nicht an Gott. Er will, dass der Atheismus wahr ist und hofft, dass es keinen Gott gibt:

„Ich will, dass der Atheismus wahr ist, und es bereitet mir Unbehagen, dass einige der intelligentesten und am besten unterrichteten Menschen, die ich kenne, im religiösen Sinn gläubig sind. Es ist nicht nur

> so, dass ich nicht an Gott glaube und natürlich hoffe, mit meiner Ansicht recht zu behalten, sondern eigentlich geht es um meine Hoffnung, es möge keinen Gott geben! Ich will, dass es keinen Gott gibt; ich will nicht, dass das Universum so beschaffen ist."[4]

Die Vermutung liegt nahe, dass kein Mensch frei ist von weltanschaulichen Überzeugungen und Prägungen. Wenn Naturalisten der Meinung sind, dass ihre Überzeugungen keinen Einfluss auf ihre wissenschaftliche Arbeit, ihre Modelle und Theorien haben, dann gilt es, diese Behauptung kritisch zu prüfen. Thomas Nagel erhebt den Atheismus zum Programm und Ziel seiner Philosophie. Möglicherweise verfolgen die Naturalisten genau das gleiche Ziel – und lassen sich daher auf ihrem Weg eben doch nicht ausschließlich von den Methoden der Wissenschaft leiten.

Wenn die Überzeugungen von Naturalisten und Gläubigen offen und ehrlich benannt sind, ist es möglich, die jeweils verschiedenen Argumente zu untersuchen und abzuwägen, um am Ende eine Antwort auf die entscheidende Frage geben zu können: Ist es auch heute noch vernünftig, an die Erschaffung der Welt zu glauben? Kann man auch heute noch Glaube und Vernunft, Theologie und Naturwissenschaft als die beiden Flügel verstehen, die den menschlichen Geist zur einen Wahrheit emporheben?

1. Glaube und Naturwissenschaft

Was meinen Christen eigentlich, wenn sie von „Gott" sprechen? Die zahllosen theologischen Abhandlungen, Aufsätze und Bücher zu diesem Thema machen zumindest eines klar: Es wird wohl nie eine einfache und einheitliche Antwort auf diese Frage geben. Die Theologen jedenfalls erkennen an Gott so viele Facetten, dass man das Wesen Gottes kaum in eine knappe Definition einpassen kann. Die Rede vom machtvollen Sieger und Retter der Welt hat genauso ihre Berechtigung wie der Blick auf den ohnmächtig leidenden Menschensohn am Kreuz. Der biblisch-christliche Gottesbegriff ist so vielschichtig, dass intensive theologische Reflexionen nicht nur denkbar, sondern auch notwendig sind. Andernfalls würde man sich womöglich allzu schnell mit einer einfachen und schlichten Rede von Gott zufriedengeben.

Es ist also nicht ganz unproblematisch, genauer zu bestimmen, was wir meinen, wenn wir „Gott" sagen. Man kann sogar den Standpunkt vertreten, es sei gar nicht sinnvoll, genauere Aussagen über das Wesen Gottes zu machen. Weil Gott zu groß und zu anders ist, als dass wir ihn mit unseren menschlichen Begriffen auch nur halbwegs angemessen beschreiben könnten. Das Gegenteil einer lückenlosen Durchdringung des Wesens Gottes wäre es daher, gar keine Aussagen über Gott zu machen und schweigend vor dem unbegreifbaren Mysterium zu verharren.

Einen klassischen Mittelweg zwischen diesen beiden Extrempositionen bietet die so genannte *Analogielehre*, die schon im Jahre 1215 auf dem Vierten Laterankonzil gelehrt wurde. Die Konzilsväter stellten fest, man könne „zwischen dem Schöpfer und dem Geschöpf (...) keine so große Ähnlichkeit feststellen, dass zwischen ihnen keine noch größere Unähnlichkeit festzustellen wäre."[5] Demnach sind Gott und Mensch zwar sehr verschieden – aber immerhin gibt es eine gewisse Ähnlichkeit zwischen Schöpfer und Geschöpf. Wenn man an diesen Punkt anknüpft, besteht die Möglichkeit, innerhalb bestimmter Grenzen Aussagen über das Wesen Gottes zu machen.

Der Glaube an den christlichen Gott ist von seinem Selbstverständnis her *verstehbar* und *rational verantwortet*, kann also mit Hilfe der Vernunft nachvollzogen und verstanden werden. Das soll nicht bedeuten, dass man den Glauben vollständig mit Hilfe der Vernunft durchdringen oder gar durch die Vernunft ersetzen kann. Die Inhalte des Glaubens erschließen sich dem Gläubigen in erster Linie nicht durch Forschung oder wissenschaftliches Denken, sondern durch göttliche Offenbarung – zum Beispiel in der Bibel oder der jahrtausendealten Glaubenstradition der Kirche – und durch das ganz persönliche Erleben der Gegenwart Gottes in der religiösen Erfahrung.

Die Aufgabe der wissenschaftlichen Theologie ist es, diese Glaubensinhalte genauer zu bestimmen und zu reflektieren. In der christlichen Dogmatik und Fundamentaltheologie geht es daher um die innere Systematik der Glaubenswahrheiten – und um die Verbindung des Glaubens mit der Welt und dem Wissen unserer Zeit. Auf diese Weise kann der Glaube ganz traditionell zum Ausgangspunkt von Erkenntnis und Verstehen werden. Es ist daher erforderlich, die Inhalte des Glaubens vernünftig zu begründen und sich immer wieder mit den kritischen Anfragen auseinanderzusetzen, die von nichtreligiösen Denkern formuliert werden.

Eine solche Offenheit des Glaubens gegenüber den Prinzipien des Denkens und des Verstandes ist nichts Neues. Schon die großen Lehrer der Kirche wie Augustinus von Hippo, *Anselm von Canterbury* (1033–1109) oder *Thomas von Aquin* (1225–1274) haben ihre Theologie aus dieser Offenheit heraus entwickelt. Was zur Zeit der Kirchenväter galt, ist für uns heute umso bedeutsamer: Wer glaubt, sollte seinen Verstand nicht ausschalten, sondern seinen Glauben vor der eigenen Vernunft rechtfertigen.

Angesichts der Kritik, die dem Glauben in der Welt von heute begegnet, haben wir die Pflicht, so präzise wie möglich nachzufragen, wie die Inhalte des Glaubens aussehen, was wir über das Wesen Gottes sagen können und was diese göttlichen Wesenseigenschaften mit dem Entstehen und der Existenz unseres Universums zu tun haben.

In der Tat ist der Glaube nicht einfach nur vielschichtig und von persönlichen Meinungen abhängig. Es gibt eine gemeinsame und verbindliche Grundlage, die für alle Christen gilt, wenn sie von Gott reden: das Apostolische Glaubensbekenntnis. Ausgehend von diesem Glaubensbekenntnis, das die Christen über die Grenzen der Konfessionen hinweg miteinander verbindet, kann man in einer Weise von Gott sprechen, die man als *theistische* Rede von Gott bezeichnet. Die zentralen Inhalte dieses christlichen Theismus sollen im Folgenden genauer dargestellt werden und als Ausgangspunkt für alle weiteren Überlegungen dienen.

Neben diesem Blick auf den Theismus ist es ebenso wichtig, die Methode und das Ziel des wissenschaftlichen Naturalismus genauer zu bestimmen – und dabei zu beachten, wo die Grenzen zwischen einem konsequent naturalistischen Verständnis und dem gängigen und allgemein anerkannten naturwissenschaftlichen Denken und Arbeiten gezogen werden müssen.

Das Verhältnis von Theismus, Naturwissenschaften und Naturalismus ist keine rein theoretische oder akademische Frage, sondern hat direkte und ganz praktische Konsequenzen für die Grundlagen und das Funktionieren unserer Gesellschaften. Zahlreiche Länder der Erde waren nicht nur in vergangenen Epochen, sondern auch heute noch kulturell und gesellschaftlich durch das Christentum geprägt. In vielen Teilen der Welt ist das Leben durch ein positives Miteinander von Staat und Religion gekennzeichnet. Auch in Deutschland ist die Religion keine Privatsache, sondern in vielen Bereichen mit der gesamten Gesellschaft verbunden, in der schulischen und universitären Bildung genauso wie in der Caritas, im Gesundheitswesen oder bei wichtigen ethischen Meinungsbildungsprozessen. Gerade im Hinblick auf diese öffentliche Bedeutung des Glaubens ist es wichtig, dass das Verhältnis von Glaube zu Vernunft und Wissenschaft auf einem soliden Fundament steht. Wo und wie dieses Fundament verankert werden kann, zeigt sich besonders auch in der Frage nach der Schöpfung und Entstehung der Welt.

1.1. Der christliche Theismus

Die Inhalte der religiösen Vorstellungen in den Traditionen und Kulturen der Erde könnten bunter und verschiedener kaum sein. Bei genauerem Hinsehen zeigt sich schnell, dass die Unterschiede nicht nur eine Frage der Folklore oder der kulturellen Ausprägung, sondern sehr wohl auch substanzieller Natur sind. Es macht einen grundlegenden Unterschied, ob man einen liebenden oder einen menschenverachtenden Gott verehrt, ob man Jesus Christus für Gottes Sohn hält oder nicht, ob man an das Ewige Leben glaubt oder an einen Zyklus der Wiedergeburt, ob man an einen wirklich existierenden Gott glaubt, bei dem man Trost und Hoffnung finden kann, oder einen Zustand der völligen Ruhe anstrebt.

Eine Erfolg versprechende Diskussion mit dem wissenschaftlichen Naturalismus ist nur dann möglich, wenn der Ausgangspunkt der Überlegungen auf eine bestimmte religiöse Tradition beschränkt wird, in diesem Fall auf den *christlichen Theismus*. Der Begriff „Theismus“ (von griechisch *theòs*, Gott) soll hier in Anlehnung an *Richard Swinburne* bestimmt werden, den langjährigen Professor für Religionsphilosophie an der Universität Oxford. Swinburne bezeichnet den Theismus als die Überzeugung, dass Gott existiert. Die Behauptung, dass Gott existiert, versteht er logisch gleichbedeutend mit der Aussage, dass eine „Person“ existiert, der bestimmte Eigenschaften zugeschrieben werden können. Ganz allgemein sind Personen mit Bewusstsein und Erkenntnis ausgestattete Wesen, die über die Fähigkeit verfügen, ethisch verantwortlich zu handeln.[6] Wenn man von Gott als Person spricht, so ist dies als analoge Rede zu verstehen. Einerseits ist Gott „wirklich und wesentlich von der Welt verschieden“, „unbegreiflich“ und damit im Letzten sogar „unaussprechlich“.[7] Auf der anderen Seite glauben Christen jedoch, dass er über ganz bestimmte Wesenseigenschaften verfügt, nämlich allwissend, vollkommen gut und allmächtig ist. Die christliche Tradition geht außerdem davon aus, dass Gott ewig, unermesslich, unveränderlich und vollkommen frei ist.[8]

Schon aus dieser kurzen Aufzählung kann man schließen, dass sich die Bedeutung Gottes im Christentum nicht auf ein jenseitiges, ewiges Leben beschränkt. Eine Religion, die an einen allmächtigen, gütigen und freien Gott glaubt, ist auch davon überzeugt, dass dessen Handeln von grundlegender Bedeutung für die Welt ist, in der wir leben. Mit den Worten von *Joseph Ratzinger*, dem heutigen Papst *Benedikt XVI.*:

> „Christlicher Glaube hat es gar nicht bloß, wie man zunächst bei der Rede vom Glauben vermuten möchte, mit dem Ewigen zu tun, das als das ganz Andere völlig außerhalb der menschlichen Welt und der Zeit verbliebe; er hat es vielmehr mit dem Gott *in* der Geschichte zu tun.“[9]

Dieser Gott hat nach christlicher Überzeugung aus freiem Willen kraft seiner Allmacht den Kosmos geschaffen und handelt auch weiterhin an und in der Welt. Das Wirken Gottes ist demnach nicht auf eine transzendente und irgendwie verborgene Ebene beschränkt, die für den Menschen immer nur diffus und mysteriös bleiben müsste. Stattdessen hat Gott nach theistischer Überzeugung eine ganz unmittelbare Bedeutung für die Phänomene und Zusammenhänge in der

Welt. Insofern hat der christliche Theismus den Anspruch, wichtige Aussagen und Erklärungen über die Entstehung und die Entwicklung des Universums zu machen.

Es liegt auf der Hand, dass die theistische Position eine durchaus anspruchsvolle Deutung des Christentums ist. Man kann aber davon ausgehen, dass das Theismusverständnis von Richard Swinburne in guter und präziser Weise definiert, was man nach traditioneller christlicher Lesart meint, wenn man von Gott spricht. Auch kirchenlehramtliche Darstellungen gehen in aller Regel von einem derartigen Gottesverständnis aus. So hebt etwa der Katechismus der Katholischen Kirche unter den Gott zugeschriebenen Eigenschaften besonders die Allmacht hervor, die als einziges göttliches Wesensmerkmal im Apostolischen Glaubensbekenntnis angeführt wird.[10] Auch das Erste Vatikanische Konzil, das von Papst *Pius IX.* (1846–1878) in den Jahren 1869 und 1870 in Rom einberufen und geleitet wurde, hat sich in der Konstitution „Dei Filius" *(Der Sohn Gottes)* zu Fragen der Schöpfung und des Verhältnisses von Glaube und Vernunft geäußert:

> „Die heilige katholische und apostolische Römische Kirche glaubt und bekennt, dass ein wahrer und lebendiger Gott ist, Schöpfer und Herr des Himmels und der Erde, allmächtig, ewig, unermesslich, unbegreiflich, an Vernunft und Willen sowie jeglicher Vollkommenheit unendlich."[11]

Insofern erhebt nicht nur der wissenschaftliche Naturalismus, sondern auch der christliche Theismus den Anspruch, bestimmte Aussagen zu machen, welche die Grundlagen der Entstehung und Entwicklung des Universums betreffen. Bei der Frage nach der Schöpfung bzw. Entstehung der Welt handelt es sich also um einen Themenbereich, der sowohl von religiöser als auch von naturwissenschaftlicher Seite in den Blick genommen wird.

In aller Regel geht es dabei nicht um ein Gegeneinander, sondern um ein Miteinander von Vorschlägen und Erklärungen. Im Einzelfall ist es allerdings durchaus möglich, dass gerade naturalistische und religiöse Überzeugungen ein und denselben Sachverhalt unterschiedlich deuten und in echter Konkurrenz zueinander stehen. Für den Dialog zwischen Glaube und Naturwissenschaften bedeutet dies, dass auch die religiöse Position – also die Überzeugung, dass Gott der Grund und Urheber der Entstehung der Welt ist – in Auseinandersetzung mit anderen Vorschlägen diskutiert und untersucht werden muss.

In einer weltanschaulich offenen Debatte kann auch der gläubige Mensch seine Position nicht einfach verkünden und festschreiben, sondern muss für Kritik offen sein. Diese Offenheit ist notwendig, wenn auch weiterhin gelten soll, was Papst *Pius XII.* (1939–1958) in einer Ansprache vor der Päpstlichen Akademie der Wissenschaften im Jahre 1951 betonte: dass Philosophie, (Natur-)Wissenschaften und göttliche Offenbarung verschiedene „Strahlen der einen Sonne" sind, die dem menschlichen Streben nach Erkenntnis als „drei Instrumente der Wahrheit" dienen können.[12]

1.2. Der wissenschaftliche Naturalismus

„The Cosmos is all that is or ever was or ever will be." – *„Das Universum ist alles, was existiert, was es jemals gegeben hat und was es je geben wird."*[13] Diese Worte stellt der amerikanische Astronom *Carl Sagan* (1934–1996) an den Anfang seines Buches über das Universum. Damit ist bereits einer der beiden Kerngedanken des wissenschaftlichen Naturalismus skizziert: Die Welt, in der wir leben, die wir beobachten und zu der wir gehören, ist alles, was existiert. Der Gott der Juden, Christen und Muslime hingegen wäre genauso Fiktion wie das Nirwāna der Buddhisten oder die Moksa der Hindus. Die religiöse Deutung der Welt, die für Menschen zu allen Zeiten wichtig gewesen ist, hätte demnach keine Relevanz mehr. Begriffe wie Seele oder Ātman blieben zwar für Kulturhistoriker und Religionswissenschaftler interessant – wenn es aber darum geht, den Menschen zu verstehen, könnten sie uns nicht weiterhelfen. Wenn dieser Grundgedanke des Naturalismus richtig ist, dann ist der einzige Gegenstand, mit dem sich das menschliche Denken sinnvollerweise auseinandersetzen sollte, der materielle Kosmos: all das, was wir sehen, messen und prüfen können.

Der zweite Kerngedanke des Naturalismus klärt dann die Frage, auf welche Weise sich der denkende Mensch der Natur annähern sollte, nämlich ausschließlich mit Hilfe der wissenschaftlichen Methode. Was aber ist damit gemeint? In den verschiedenen wissenschaftlichen Disziplinen arbeitet man sehr unterschiedlich. Ein Historiker arbeitet anders als ein Mathematiker und die Methoden eines Biochemikers unterscheiden sich sehr von denen eines Juristen. Ganz offensichtlich hängt die Frage, was die wissenschaftliche Methode ausmacht, eng mit dem Gegenstand zusammen, der untersucht werden soll. Nun lässt sich der Gegenstand des naturalistischen Denkens recht einfach benennen. Der Naturalismus beschäftigt sich, wie bereits gesagt, mit dem *gesamten Kosmos*, mit allen Fragen, die sich sinnvoll stellen lassen.

Der Blick auf die Objekte des naturalistischen Denkens liefert daher noch keinen Hinweis auf die Methode des Naturalismus. Wenn sich der Naturalismus *mit allem* beschäftigt, könnten auch die Methoden sehr vielfältig sein. Entscheidend ist also, ob der Naturalismus all die verschiedenen Aspekte der Welt und des Lebens aus einer einheitlichen methodischen Perspektive betrachtet. Kann man zum Beispiel das Zustandekommen von menschlicher Kreativität aus dem gleichen Blickwinkel beobachten und mit den gleichen Methoden untersuchen wie die Entstehung von Schwarzen Löchern in fernen Galaxien? Ist es möglich, mit einer einzigen Methode präzise und exakt zu beschreiben, wie und warum es dazu kam, dass im 16. Jahrhundert Michelangelo Buonarroti die Sixtinische Kapelle in Rom ausmalte, 200 Jahre später Johann Sebastian Bach die Brandenburgischen Konzerte komponierte, im 20. Jahrhundert die französischen Existentialisten das menschliche Leben deuteten – und zu erklären, wie die Gesetze der Gravitation funktionieren?

Die Antwort, die der Naturalismus auf diese Frage bereithält, zeigt sich in den zahlreichen Begriffen, die oftmals alternativ für das Wort „Naturalismus" verwendet werden. Viele Naturalisten würden ihr Verständnis der Welt eher als Materialismus, Physikalismus, eliminativen Physikalismus oder auch Szientismus beschreiben. All diese Begrifflichkeiten betonen jeweils andere Details des naturalistischen Denkens. Dennoch kann man eine grundlegende Gemeinsamkeit erkennen. Die Welt und all ihre Bestandteile – das Funktionieren des menschlichen Geistes ebenso wie der Verlauf der Umlaufbahnen der Planeten – werden grundsätzlich mit den Augen der Physik betrachtet. Die Methoden der Physik sind die Methoden des Naturalismus. Konkret bedeutet das: Der Naturalismus stützt sich auf die experimentelle Methode, in der es darum geht, wissenschaftliche Versuche durchzuführen und die Phänomene möglichst exakt zu beobachten und zu beschreiben. Ergänzt wird die experimentelle Methode durch die Prinzipien der Logik und der Mathematik. Die Welt und all das, was sich beobachten lässt, wird nicht einfach nur beschrieben und dargestellt, sondern es werden Zusammenhänge erforscht, Gesetze definiert und Vorhersagen gemacht.

Gerade hier zeigt sich allerdings auch ein entscheidendes Problem. Unser Wissen über die Welt reicht bei weitem nicht aus, um alles exakt mit den Begriffen der Physik und Mathematik zu beschreiben. Im Gegenteil: Gerade die erfolgreichsten Theorien der Physik sagen voraus, dass ein absolut genaues Wissen gar nicht möglich und das Zusammenspiel von Ursache und Wirkung viel komplexer ist, als man lange Zeit dachte. So erweist sich der Naturalismus zurzeit in vielen Bereichen eher als Zukunftsprogramm denn als wirklich funktionierendes wissenschaftliches System. Der Naturalismus ist nicht die Realität, sondern ein Projekt. Naturalisten gehen davon aus, dass es *in Zukunft* gelingen wird, alle Abläufe im Universum von Beginn an bis zur Gegenwart mit physikalischer Genauigkeit zu erklären. Das Ziel ist es, das gesamte Dasein des Universums im Rahmen exakter Wissenschaften darzustellen und zu beschreiben.

Welche Konsequenzen folgen aus diesem Verständnis? Der Bielefelder Philosoph *Ansgar Beckermann* formuliert es so: „Alles, was es gibt, ist physischer Natur.“[14] Die Reichweite dieser Aussage lässt sich gut verdeutlichen, wenn man zunächst auf den einzelnen Menschen schaut. Wenn der Mensch in seiner Gesamtheit vollständig und ausschließlich physischer Natur ist, dann ist es nicht mehr sinnvoll, philosophische, ethische oder sozialwissenschaftliche Theorien über das Menschsein zu formulieren. Das Funktionieren des menschlichen Organismus wäre dann biologisch völlig ausreichend beschrieben oder – wenn es präziser sein soll – chemisch und physikalisch. Entscheidend ist, dass Naturalisten auf diese Weise nicht nur die physiologischen Zusammenhänge der Organe oder des Blutkreislaufs beschreiben möchten, sondern auch alle geistigen Phänomene. Der naturalistische Philosoph *Bernulf Kanitscheider* etwa ist davon überzeugt, dass sich auch das menschliche Denken und sämtliche Erkenntnisprozesse physikalisch exakt darstellen lassen. Jede Geistesregung lässt sich demnach stofflich festmachen und hinterlässt – etwa im Gehirn – eine manifeste Spur. Aus naturalistischer Perspektive wäre damit die Frage nach dem Bewusstsein – oder theologisch gesprochen: der Seele – definitiv und umfassend beantwortet.

Während außerhalb des Naturalismus das Wesen des Menschen in der Regel als komplizierte Gesamtheit physiologischer und geistiger Eigenschaften beschrieben wird, beschränkt sich der Naturalismus letztlich auf die Verwendung einer physikalisch-mathematischen Sprache. Man brauchte dann nicht mehr viele verschiedene Wissenschaften, die das Wesen des Menschen untersuchen und beschreiben, sondern nur noch eine einzige: nicht mehr Biologie, Medizin, Psychologie, Theologie, Soziologie und viele andere, sondern einzig und allein die Physik. Langfristig geht der Naturalismus von der Naturalisierung des gesamten menschlichen Lebens aus – einschließlich dessen, was mit Begriffen wie Erkenntnis, Geist oder Vernunft bezeichnet wird.

Natürlich endet der Prozess einer naturalistischen Wahrnehmung der Welt nicht beim Blick auf den einzelnen Menschen, sondern bezieht sich auch auf all das, was durch das gemeinsame Handeln mehrerer oder vieler Menschen entsteht. Dabei gehen Naturalisten davon aus, dass es im eigentlichen Sinn keine ethischen oder religiösen Fragestellungen mehr gibt. Alles ließe sich auf seine physikalischen Grundlagen reduzieren.

Es liegt auf der Hand, dass diese naturalistische Sicht des Menschen grundlegend anders ist als das christliche Menschenbild. Es geht dabei um viel mehr als um die Frage, ob es der Fortschritt der Wissenschaften in Zukunft ermöglicht, physiologische Zusammenhänge bis ins Detail zu klären. Für den Naturalismus ist der Mensch lediglich ein komplexer Teil der Natur. Die Frage nach der unverletzlichen Würde des Menschen, dem freien Willen oder einer zeitgemäßen Bestimmung des Begriffs der Seele stellt sich dann nicht mehr. Der Naturalismus verzichtet auf jede Philosophie oder Ethik, der Mensch wäre ein Teil der Natur – nicht mehr und nicht weniger.

1.3. Schwacher und starker Naturalismus

Mit Blick auf den Gottesbegriff ist es sinnvoll, die zahlreichen Spielarten des Naturalismus in zwei verschiedene Varianten einzuteilen: den *methodischen* oder *schwachen Naturalismus* und den *ontologischen* oder *starken Naturalismus.*

Der schwache Naturalismus verneint die Möglichkeit einer übernatürlichen Realität – wie etwa der Existenz Gottes – nicht grundsätzlich. Zwar geht auch er davon aus, dass das Wirken Gottes wissenschaftlich nicht fassbar ist, aber es wird eben nicht von vorneherein gesagt, dass Gott nicht existiert. Es wird eher davon ausgegangen, dass die Frage, ob Gott existiert oder nicht, keinerlei erklärende Bedeutung für die Welt hat. Das Universum wird als in sich geschlossenes System verstanden, in dem der Gottesbegriff nicht relevant ist und in dem man auf die „Hypothese Gott" verzichten kann.

Der starke Naturalismus hingegen geht weiter. In dieser Variante wird ausschließlich die Existenz des materiellen Universums (des „Kosmos") anerkannt und die Möglichkeit eines jenseitigen, metaphysischen Seins kategorisch ausgeschlossen. Der starke Naturalismus ist atheistisch.

Offensichtlich berühren beide Varianten des Naturalismus Bereiche, die grundlegend sind für das Selbstverständnis des Glaubens, besonders für das Selbstverständnis des christlichen Theismus. Neben der fundamentalen Frage nach der Existenz Gottes geht es dabei um alle Aussagen, welche die Bedeutung des göttlichen Handelns in der Welt zum Gegenstand haben, vor allem um die Frage, wie und warum das Universum entstanden ist und sich Leben darin entwickelt hat. Genauso umstritten ist die Frage, warum Religionen entstanden sind, ob ethische Standards ohne den Bezug auf Gott zu rechtfertigen sind oder ob die Möglichkeit glaubhafter Wundererzählungen grundsätzlich auszuschließen ist. In all diesen Bereichen sind die naturalistischen und theistischen Lösungsvorschläge so unterschiedlich, dass sie miteinander unvereinbar sind und man nur eine der beiden Varianten für wahr halten kann.

Naturalismus und Theismus sind in vielen Bereichen prinzipiell verschieden. Dennoch ist es zumindest möglich, miteinander ins Gespräch zu kommen und einzelne Überzeugungen und Positionen zu diskutieren. Es handelt sich nämlich bei beiden Positionen nicht einfach um Glaubenssätze, die unvereinbar wären. Stattdessen gibt es einige grundlegende Überzeugungen, die eine Brücke zwischen Naturalismus und Theismus bilden. Als gemeinsame Gesprächsgrundlage kann zum Beispiel dienen, dass die naturgesetzliche Ordnung von beiden Seiten wertgeschätzt wird. So steht etwa für Naturalisten genauso wie für Theisten fest, dass es zur Klärung unklarer Ereignisse und Phänomene in der Welt zunächst einer konsequenten Anwendung aller zur Verfügung stehenden naturwissenschaftlichen Erkenntnisse und Methoden bedarf. Der entscheidende Unterschied zwischen beiden Positionen besteht dann darin, dass der Theismus davon überzeugt ist, dass es ein empirisch relevantes – also für die Erfahrung bedeutsames – Wirken Gottes gibt, das verantwortlich ist für die Entstehung und weitere Entwicklung des Universums. Der Theismus ist bereit, diese Überzeugung nicht nur als Glaubenssatz zu formulieren, sondern in eine rational geführte Diskussion mit einzubringen. Auf der Grundlage einer gemeinsamen wissenschaftlichen Sicht der Welt geht es also letztlich darum, ob die Naturwissenschaften tatsächlich in der Lage sind, alle Fragen nach der Entstehung und Existenz des gesamten Kosmos zu beantworten.

2. Bloßer Glaube oder reine Vernunft? Methoden in der Theologie

Der Vergleich von Schöpfungsglaube und naturalistischen Theorien kann nur dann gelingen, wenn man ein klares methodisches Fundament formuliert, auf dem man aufbauen möchte. Dabei muss geklärt werden, welche Ziele und Grenzen eine solche Diskussion für die Theologie hat. Besonders kommt es darauf an, einige Aspekte der *theologischen Erkenntnislehre* zu bedenken: Welche Quellen und Prinzipien sind für die Theologie wichtig? Wie lassen sich die Inhalte des Glaubens wissenschaftlich erforschen? Ist in der Theologie vielleicht alles möglich, könnte man nicht einfach alles und jedes behaupten, indem man auf die göttliche Offenbarung verweist? Oder gibt es bestimmte Kriterien, die man untersuchen und überprüfen kann? Im Letzten geht es also um die Frage nach den Grenzen der menschlichen Erkenntnis – besonders im Blick auf den Glauben und all das, was Menschen jenseits ihrer alltäglichen und empirisch überprüfbaren Erfahrungswelt für wahr halten.

2.1. Die eine Methode der Theologie?

Mit welcher Methode arbeitet die Theologie? Wie das folgende Gedankenspiel zeigt, ist diese Frage nicht ganz leicht zu beantworten:

Wenn ein Zufallsgenerator aus einer großen theologischen Bibliothek genau einhundert Bände auswählen würde, so könnte man schon mit einem flüchtigen Blick auf die zusammengestellte Literatur feststellen, dass die wissenschaftlichen und literarischen Methoden, mit denen hier gearbeitet wird, sehr vielfältig sind. Möglicherweise wäre die Methodenvielfalt sogar größer als die Zahl der ausgewählten Bücher. Nun könnte man ohne weiteres zwei Gründe hierfür nennen. Zum einen sind die Bücher vermutlich in verschiedenen historischen Epochen entstanden, und zum anderen handelt es sich ja nicht einfach um theologische Bücher im Allgemeinen, sondern um Werke, welche die ganze Bandbreite der theologischen Fächer widerspiegeln. Es ist nicht verwunderlich, dass man vor 1500 Jahren anders argumentiert hat als heute und dass an den theologischen Fakultäten unserer Zeit verschiedene Arbeitsweisen zum Einsatz kommen. Kirchengeschichtler arbeiten mit anderen Methoden als Pastoraltheologen, und ein kirchenrechtlicher Aufsatz ist an anderen Prinzipien orientiert als eine Abhandlung zur Religionsphilosophie. Eine gewisse Vielfalt methodischer Zugänge ist also durchaus zu erwarten. Nun könnte man den Versuchsaufbau ein wenig verändern. Der Zufallsgenerator soll nicht mehr auf die gesamte Bibliothek zugreifen, sondern nur noch auf aktuelle Veröffentlichungen aus einem bestimmten Fachgebiet, zum Beispiel aus dem Bereich der Dogmatik. Das Ergebnis bliebe dennoch eindeutig. Auch bei der neuen Versuchsanordnung würde sich nämlich zeigen: Solange der Zufallsgenerator keine Duplikate auswählt, bleibt die Vielfalt der verwendeten Methoden weiterhin hoch.

Wie es aussieht, lässt sich die Frage nach *der richtigen* theologischen Methode nicht ganz einfach beantworten. Die Theologie kennt unterschiedliche methodische Zugänge, und zwar aus gutem Grund. Das Wesen Gottes und die Bedeutung Gottes für die Welt umfasst nach christlicher Überzeugung ganz verschiedene Aspekte und kann *per definitionem* nicht ohne weiteres vom menschlichen Denken präzise erfasst und beschrieben werden. Zwar gibt es eine ganze Reihe von Glaubensüberzeugungen, die man im Laufe der Kirchengeschichte benannt hat, doch ist das persönliche Erfahren und Erleben Gottes mindestens ebenso wichtig. Die Theologie bleibt unvollständig, wenn Gott darin nur als Objekt unseres Denkens und unserer Analysen vorkommt. Es muss immer auch um die Beziehung von Gott und Mensch gehen, um das „Du“ des gelebten Glaubens. Dabei wird deutlich, dass es einerseits bestimmte Wesenseigenschaften gibt, die wir Gott mit fester Überzeugung zuschreiben, dass Gott aber gleichzeitig für uns ein Mysterium bleibt, dem wir uns nur tastend annähern können. Wenn daher die Theologie nicht nur eine, sondern zahlreiche Methoden und Herangehensweisen kennt, dann ist dies nicht nur angemessen, sondern sogar notwendig. Es kann nicht *die* eine Methode geben.

Das bedeutet allerdings nicht, dass es einfach ein Nebeneinander oder gar ein Durcheinander von zahllosen verschiedenen Ansätzen gibt. Schon in früheren Jahrhunderten wurden immer wieder systematische Überlegungen zu diesem Thema angestellt. Für die katholische Theologie war für lange Zeit die Methodenlehre des *Melchior Cano* (1509–1560) maßgeblich. Unter dem Titel *De locis theologicis* („Über die theologischen Orte“) war sie im Jahre 1563 erst nach Canos Tod veröffentlicht worden. Er legte damals einen Katalog von sieben theologischen und drei allgemeinwissenschaftlichen Quellen vor, die gemeinsam die Grundlage der Theologie bilden. Als ersten theologischen Ort nannte Cano die Glaubensaussagen der Bibel. Ebenso kam es ihm aber auch auf die Tradition der Kirche an, auf die Aussagen der großen Konzilien, auf die Maßgaben der Vernunft und die Lehren der großen Philosophen. Es ist bemerkenswert, dass schon die theologischen Orte des Melchior Cano so weit gefasst waren, dass sie das Fenster zu den verschiedenen Möglichkeiten menschlicher Erkenntnis nicht schließen oder verengen, sondern sehr weit offen halten.

Allerdings hat es im Laufe der Theologiegeschichte auch andere Entwicklungen gegeben. So wurde in der katholischen Theologie in der zweiten Hälfte des 19. Jahrhunderts und bis weit ins 20. Jahrhundert hinein die methodische Argumentation zunehmend enger ausgelegt. Die Vertreter der so genannten Neuscholastik versuchten, die kritischen Anfragen der Aufklärung systematisch abzuwehren und an die große Tradition der mittelalterlichen Theologie und Philosophie anzuknüpfen. Daher bezog man sich auf brillante Theologen wie Thomas von Aquin oder dessen Lehrer *Albertus Magnus* (um 1200–1280) und erklärte deren scholastische Methode zur spezifischen katholischen Form der Theologie.

Das Anliegen, eine „neue Scholastik" ins Leben zu rufen und die Rede von Gott im Stile der großen mittelalterlichen Vorbilder zu betreiben, war zunächst sehr ehrenwert. Den Scholastikern war es ja gelungen, die Theologie zu einer Blüte zu führen, die über Jahrhunderte hinweg nicht mehr erreicht werden konnte. Für die scholastische Theologie war es entscheidend, dass sie sich nicht darauf beschränkte, die biblische Offenbarung und die kirchliche Tradition zu interpretieren, sondern sich immer auch mit den bedeutenden außerchristlichen philosophischen Strömungen auseinandersetzte. Die anspruchsvolle Systematik der mittelalterlichen Theologie wäre ohne den Hintergrund der antiken griechischen Philosophie gar nicht möglich gewesen.

Anders als die Theologie des ersten nachchristlichen Jahrtausends richtete die Scholastik den Fokus dabei nicht primär auf die Lehren *Platos* (ca. 428–348 v. Chr.) und seiner Schüler, sondern bezog sich auch auf die Philosophie des *Aristoteles* (384–322 v. Chr.). Der Aristotelismus wurde hochaktuell und prägte ganz entscheidend die Art und Weise, wie man die Welt verstand, wertschätzte und zunehmend empirisch erforschte. Das *Corpus Aristotelicum*, das Gesamtwerk des Aristoteles, war in der Spätantike für das Abendland weitgehend verloren gegangen und nur noch in Arabien bekannt. Erst im 11. Jahrhundert wurden weitgehende Übersetzungen ins Lateinische angefertigt – und es war vor allem Albertus Magnus, der die Schriften des Aristoteles durch seine Kommentare in der christlichen Welt bekannt machte. Der Name Thomas von Aquin steht dann wie kein anderer dafür, die neuen philosophischen Gedanken mit der christlichen Theologie zu verbinden und die Inhalte des Glaubens systematisch zu untersuchen und darzustellen. Noch heute ist es beeindruckend, dass Thomas wagte, die entscheidenden kritischen Fragen zu stellen – und sie dann umfassend analysierte und nach Antworten suchte.

600 Jahre später, im 19. Jahrhundert, hatte sich die Situation grundlegend gewandelt. Kirche und Theologie standen in vielerlei Hinsicht unter enormem Druck, die gesellschaftliche Situation war zunehmend verfahren. Auf der einen Seite gab es starke und in sich geschlossene kirchliche Milieus, auf der anderen Seite entwickelte sich infolge der Aufklärung eine materialistische Weltsicht, die grundlegend von einem naturwissenschaftlichen Fortschrittsglauben geprägt war. Im Deutschen Reich stellte der Staat das Wirken der Kirche durch die Kulturkampfgesetze massiv in Frage. Auf dem Gebiet der Wissenschaften sah es nicht anders aus. Zu Tausenden strömten die Zuhörer in die öffentlichen Debatten, in denen sich die Anhänger des Darwinismus und einer materialistischen Weltanschauung einen heftigen Schlagabtausch mit christlichen Theologen und Philosophen lieferten.

Es ist daher nachvollziehbar, dass man in der Theologie auf der einen Seite eine einheitliche und starke Position anstrebte und sich auf die Tradition der Scholastik zurückbesinnen wollte. Allerdings waren die unterschiedlichen Rahmenbedingungen der mittelalterlichen Scholastik und der

Neuscholastik offensichtlich. Während Thomas von Aquin die Theologie seiner Zeit für die neuesten Erkenntnisse in Philosophie und Wissenschaft geöffnet und damit für Jahrhunderte zukunftsfähig gemacht hatte, ging es den Neuscholastikern vor allem um die Abwehr und eine weithin negative Interpretation der modernen Strömungen. Für die beinahe 2000 Jahre alte Tradition theologischen Denkens entwickelte sich so die einmalige Situation einer einzigen maßgeblichen und nach außen hin weitgehend geschlossenen theologischen Methode.

Auf der anderen Seite sorgten die Neuscholastiker dafür, dass man wieder intensiver die Geschichte von Theologie und Philosophie erforschte und an den Universitäten und Seminaren präsent machte. Dabei setzte sich letztlich die Erkenntnis durch, dass gerade das mittelalterliche Denken durch eine außergewöhnliche Pluralität und Offenheit für die Probleme der Zeit gekennzeichnet war. Es war daher abzusehen, dass sich im 20. Jahrhundert aus der Neuscholastik heraus andere theologische Methoden entwickelten, welche die aktuellen Bewegungen und Erkenntnisse in Philosophie und Naturwissenschaften besser aufgreifen und theologisch hinterfragen konnten. Theologen wie *Joseph Maréchal* (1878–1944) und später *Karl Rahner* (1904–1984) oder *Yves Congar* (1904–1995) stehen für diese Neuausrichtung und Öffnung der Theologie.

Auch in offiziellen vatikanischen Dokumenten wurde die Frage nach den Methoden der Theologie immer wieder zum Thema. Gerade im Zusammenhang mit Äußerungen zum Verhältnis von Glaube und Vernunft wurde dieser Aspekt wichtig. Von bleibender Bedeutung dürfte sein, dass Papst *Johannes Paul II.* (1920–2005) in der Enzyklika *Fides et ratio* im Jahre 1998 betonte, dass es keine philosophische Schule oder Methode gibt, die für die Theologie exklusiv und ausschließlich maßgeblich wäre: „Die Kirche legt weder eine eigene Philosophie vor noch gibt sie irgendeiner besonderen Philosophie auf Kosten der anderen den Vorzug."[15]

2.2. Das Handeln Gottes in der Welt

Warum existiert die Welt – und nicht einfach nichts? Theisten sind davon überzeugt, dass *Gott* die Antwort auf diese Frage ist. Genauer: dass Gottes Handeln der Grund für die Existenz der Welt ist. Was aber meinen wir, wenn wir vom „Handeln Gottes" sprechen?

Zunächst sollte man bedenken, dass es grundsätzlich einen Unterschied macht, ob man von „Handeln" spricht oder von einem „Wirken", das sich ereignet. Der Begriff des Handelns beinhaltet immer, dass es eine *Person* ist, die – in der Regel willentlich und bewusst – ein bestimmtes Geschehen verursacht. Weiter oben ist schon gesagt worden, dass der Theismus die Rede von der Existenz Gottes analog zu der Aussage versteht, dass eine Person existiert. Vor diesem Hintergrund ist es also angemessen, vom Handeln Gottes zu sprechen, wenn wir aussagen wollen, dass Gott es ist, der die Ursache für ein bestimmtes Geschehen ist.

Etwas anders verhält es sich mit den Begriffen von „Wirken" und „Wirkung". Diese Worte erlauben zunächst keinen Rückschluss darauf, ob eine Person die Ursache bzw. der Verursacher eines Phänomens ist oder nicht. Der Begriff der „Wirkung" nimmt in erster Linie die Veränderung eines Objekts in den Blick und macht keine Aussage über die willentliche oder nichtwillentliche Verursachung des Ereignisses. Allerdings kann man den Ausdruck jederzeit durch ein Bezugswort ergänzen, das den Sachverhalt klärt. Wenn man etwa vom „Wirken Gottes" spricht, wird eindeutig ausgesagt, wer oder was ein Ereignis verursacht hat. Auf diese Weise kann man deutlich machen, dass ein Geschehen bewusst und willentlich verursacht worden ist. Insofern ist es also gleichermaßen möglich und sinnvoll, vom Wirken Gottes wie vom Handeln Gottes zu sprechen.

Worin besteht der Unterschied zwischen personalen *Verursachern* und bloßen *Ursachen* bestimmter Ereignisse? Eine Antwort auf diese Frage erhalten wir durch einige Überlegungen von Richard Swinburne.[16] Er unterscheidet grundsätzlich zwischen personalen und naturwissenschaftlichen Erklärungen und geht davon aus, dass sich personale Erklärungen prinzipiell nur in Teilen naturwissenschaftlich darstellen lassen. Wenn also beispielsweise der Koch eines Restaurants einen Topf auf den Herd stellt, so kann man einerseits relativ genau naturwissenschaftlich nachvollziehen, welche physiologischen Zusammenhänge für diese Handlung ineinandergreifen müssen, welche Muskeln kontrahiert oder gedehnt und welche elektrochemischen Reize über die Nervenbahnen weitergeleitet werden. Allerdings ist es offensichtlich, dass die Handlung des Kochs damit nur teilweise erklärt wird. Die Frage, warum er gerade jetzt genau diesen einen Topf aus dem Schrank nimmt und auf den Herd stellt, hat etwas mit dem Bewusstsein und freien Willen des Kochs zu tun. Beides lässt sich naturwissenschaftlich nicht exakt darstellen.

Wenn hingegen im gleichen Restaurant nachmittags die Raumtemperatur im Gastraum wegen der zunehmenden Sonneneinstrahlung steigt und dann der Schokoladenguss auf einem am Tresen abgestellten Kuchen zu schmelzen beginnt, dann kann dieses Phänomen zweifellos umfassend naturwissenschaftlich erklärt werden. Ursache und Wirkung von Sonneneinstrahlung, Raumtemperatur und Konsistenz der Glasur lassen sich physikalisch präzise darstellen. Es ist in der Tat etwas anderes, ob ein Mensch ein bestimmtes Ereignis willentlich verursacht oder ob ein Geschehen von einer nichtpersonalen Ursache in Gang gesetzt wird.

Swinburne nimmt eine weitere Unterscheidung vor. Er differenziert zwischen personalen Erklärungen, die sich auf das Handeln von Menschen beziehen, und solchen, bei denen es um das Handeln Gottes geht. Wenn sich eine menschliche Person zu einer bestimmten Handlung entscheidet, dann ist es zumindest grundsätzlich möglich, eine relativ große Zahl von äußeren Umständen, Daten und Prozessen zu rekonstruieren, die zur Entscheidungsfindung der Person beitragen. Wenn der oben erwähnte Koch einen Arbeitsvertrag bei einem Restaurantbesitzer unterschrieben hat und sich dann während der vereinbarten Dienstzeit in der Küche des Restaurants aufhält, ist mit hoher Wahrscheinlichkeit damit zu rechnen, dass er nach dem Eingang einer Bestellung einen Topf auf den Herd stellt und zu kochen beginnt.

Grundsätzlich anders liegen die Dinge, wenn es um ein Ereignis geht, das durch den Willen Gottes herbeigeführt wird. In diesem Fall können nach theistischer Überzeugung nicht einmal einzelne Elemente des Entscheidungsprozesses näher bestimmt werden. Denn Christen sind überzeugt: Wenn Gott handelt, dann handelt er frei und unverursacht. Dennoch greift er nicht willkürlich oder zum Schaden der Geschöpfe in den Verlauf der Welt ein. Als allmächtiger, vollkommen guter und ewiger Gott erschafft er den Kosmos als in sich geordnete und durch verlässliche Strukturen geprägte Schöpfung.

Der Wille und das Handeln Gottes wären demnach die Antwort auf die Frage, warum die Welt existiert und nicht einfach nichts. Damit ist allerdings etwas anderes – und letztlich viel mehr – gemeint als nur, dass Gott in einem einzigen Moment der Weltentstehung einen Schöpfungsakt vollzogen und die Welt erschaffen hat. Es geht nicht in erster Linie um die Frage, ob die Welt an einem bestimmten Zeitpunkt entstanden ist und Gott der Auslöser dieses Schöpfungsaugenblicks ist. Stattdessen sind Theisten davon überzeugt, dass die

Existenz der Welt kein bloßer Zufall ist, sondern dass es einen tiefer liegenden Grund für das Entstehen des Universums gibt. Dieser Urgrund kann nicht einfach ein Teil des materiellen Kosmos sein, sondern muss notwendig und jenseits der bekannten physischen Welt existieren. Der eigentliche Grund für die Existenz des Universums muss metaphysisch – also jenseits der Physik – zu finden sein. Es geht um einen *Grund* für das Bestehen der Welt – und nicht um eine exakt zu benennende Ursache. Ein solcher Grund ist notwendig, egal, ob man aus kosmologischer Sicht davon ausgeht, dass das Universum zu einem bestimmten Zeitpunkt entstanden ist oder ob es seit Ewigkeit existiert. Mit den Worten von *Gottfried Wilhelm Leibniz* (1646–1716):

> „Wenn man (…) die Welt als ewig annimmt, so setzt man dennoch nichts als eine Folge von Zuständen, und man wird in keinem von ihnen einen zureichenden Grund finden. (…) Offenbar muss also nach dem Grunde anderswo gesucht werden. Denn auch in den ewigen Dingen muss, wenn sie auch keine Ursache hätten, dennoch ein Grund erkannt werden. (…) Hieraus erhellt, dass man selbst bei Annahme der Ewigkeit der Welt einem letzten außerweltlichen Grunde der Dinge oder Gott nicht entgehen kann.“[17]

Nach traditionellem theistischem Verständnis hat das Handeln Gottes eine ganz reale Bedeutung für die Welt, in der wir leben und die wir erfahren. Es geht nicht um einen ausschließlich transzendenten Geltungsbereich: Das Handeln Gottes hat nicht nur eine jenseitige und außerweltliche Bedeutung, sondern ist der Urgrund für die Existenz und Gestalt des sinnlich erfahrbaren materiellen Kosmos. Gleichzeitig wird der Anspruch auf Verstehbarkeit und Rationalität des Glaubens betont. Natürlich gibt es auf der einen Seite wichtige Glaubensinhalte, die man im innerweltlichen Bereich schwer überprüfen oder gar verorten kann, wie etwa die Hoffnung auf ein Leben nach dem Tod oder die Existenz eines liebenden

Gottes, der das Leben der Menschen begleitet und ihre Gebete hört. Auf der anderen Seite ist es ein grundlegender Bestandteil des Bekenntnisses zum Theismus, dass Gott auf direkte und indirekte Art und Weise in der Welt wirkt und handelt.

Dem Handeln Gottes kommt für die Realität unseres Universums eine grundlegende Erklärungsfunktion zu, die man im Hinblick auf konkrete Wirkzusammenhänge auch benennen kann. Die Existenz Gottes wäre demnach in naturwissenschaftlicher, moralischer und philosophischer Hinsicht alles andere als irrelevant. Es gehört deshalb zu den ureigensten Aufgaben der Theologie, unter Berücksichtigung aller naturwissenschaftlichen Kenntnisse und Erfahrungen die Bedeutung des göttlichen Wirkens auf der Ebene der empirischen Phänomene zu untersuchen. Dabei geht es um Hypothesen, die sich aus der theistischen Grundposition ableiten und die durchaus – wie etwa die Überzeugung, dass Gott die Welt erschaffen hat – in Konkurrenz zu naturalistischen Theorien stehen können.

Die Diskussion der konkreten Fragestellungen sollte dabei grundsätzlich ergebnisoffen geführt werden. Es liegt auf der Hand, dass ein solches Vorgehen ein nicht unerhebliches Risiko mit einschließt: Der Diskussionsprozess könnte gegebenenfalls zur Folge haben, dass Thesen, die zum festen Bestand der theistischen Tradition gehören, überdacht oder verändert werden müssen. Dieses Risiko sollte die Theologie allerdings mit einigem Selbstbewusstsein eingehen. Wer als Christ vom liebevollen Handeln Gottes in der Welt überzeugt ist und gleichzeitig den Anspruch auf Rationalität und intellektuelle Redlichkeit des Glaubens aufrechterhalten möchte, der muss bereit sein für eine offene und inhaltlich präzise Diskussion der eigenen Überzeugung.

2.3. Glaube und Vernunft

Auf welche Weise sollte die Theologie der Verpflichtung nachkommen, die ihr das Zweite Vatikanische Konzil aufgetragen hat: die Erneuerung ihrer Methoden im Hinblick auf die Notwendigkeiten unserer Zeit? Ist es nicht doch zu gewagt, den Dialog von Theismus und Naturalismus ergebnisoffen anzugehen? Wäre es nicht besser, die christliche Position klar zu benennen und dann mit den Mitteln der Vernunft und Logik nachträglich zu ordnen und zu bestätigen? Schließlich ist es ja offensichtlich, dass es im christlichen Theismus und in der Theologie einige Grundüberzeugungen gibt, die man kaum zur Diskussion stellen möchte. Christen glauben daran, dass Gott existiert. Diese Glaubensaussage ist sozusagen die Grundannahme der christlichen Weltanschauung und der Ausgangspunkt für jeden Dialog mit anderen Religionen oder philosophischen Überzeugungen.

Umso wichtiger ist es, Rechenschaft über den Glauben an Gott abzulegen. Um dieser Aufgabe in der Welt von heute nachkommen zu können, sollten Theologen grundsätzlich auf die gesamte Bandbreite der wissenschaftlichen Methoden zugreifen. Die Theologie kann sich voll und ganz auf moderne philosophische und wissenschaftstheoretische Diskussionen einlassen. Die methodische Vielseitigkeit ist notwendig, damit der Dialog mit den nichtchristlichen Philosophien und Weltanschauungen auch tatsächlich tragfähig ist. Welche Bedeutung dieser Dialog für den Glauben hat, zeigt sich schon im biblischen Leitmotiv der Fundamentaltheologie: „Seid stets bereit, jedem Rede und Antwort zu stehen, der nach der Hoffnung fragt, die euch erfüllt“ (1 Petr 3,15).

In der Schöpfungstheologie geht es um die Überzeugung, dass ein allmächtiger Gott verantwortlich ist für die Entstehung und fortwährende Existenz des Universums. Damit ist der Anspruch verbunden, dass das Handeln Gottes bei der Frage nach der Entstehung des Universums von eminenter Bedeutung ist. Es ist daher keineswegs überraschend, dass schon Papst Pius XII. von der christlichen Schöpfungs-„Hypothese" gesprochen hat, die auf ihre Vereinbarkeit mit modernen kosmologischen Weltentstehungsszenarien überprüft werden kann:

„Es ist bemerkenswert, dass moderne Vertreter dieser Wissenschaften die Idee einer Schöpfung des Universums für vollkommen vereinbar mit ihren wissenschaftlichen Konzeptionen halten, ja, dass sie durch ihre Forschungen geradezu spontan darauf hingeführt wurden, während nur wenige Jahrzehnte zuvor eine solche ‚Hypothese' für vollkommen unvereinbar mit dem damaligen Stand der Wissenschaften gehalten wurde."[18]

Die Überzeugung, dass Glaube und Vernunft eng miteinander verbunden sind, gehört seit jeher zum Selbstverständnis der Theologie. Besonders den Dialog mit den Naturwissenschaften kann die Theologie dabei ganz offen angehen. Das über die Jahrhunderte hinweg immer neu justierte Verhältnis von Theologie zu Philosophie und Naturwissenschaften belegt bei allen Herausforderungen und Schwierigkeiten, dass sich Glaube und Vernunft tatsächlich erfolgreich als die beiden Flügel bewähren, mit deren Hilfe der Mensch zur Wahrheit gelangen kann. Darüber hinaus gilt: Wer im persönlichen Glauben und Vertrauen auf Gott davon überzeugt ist, dass die Inhalte des theistischen Bekenntnisses der Wahrheit entsprechen, der sollte keinen Grund haben, einer genauen Prüfung der Glaubensinhalte aus dem Weg zu gehen. Die im Ergebnis offene Diskussion einzelner Aspekte des Glaubens hat also keineswegs etwas mit der Bereitschaft zu tun, Glaubensinhalte vorschnell über Bord zu werfen. Im Gegenteil kann sie ein Ausdruck der Zuversicht sein, dass der christliche Theismus dem Naturalismus in philosophischer Hinsicht zumindest ebenbürtig ist.

Eine ernsthafte wissenschaftliche Auseinandersetzung schließt notwendig die Bereitschaft mit ein, die eigene Überzeugung gegebenenfalls zu überdenken und zu modifizieren. Wenn sich hingegen zeigt, dass die Erklärungskraft des Theismus im Vergleich mit den naturalistischen Alternativen konkurrenzfähig ist, wäre es vollkommen vernünftig, dem Anruf des Glaubens zu folgen. Zu fragen ist allerdings, welche methodischen Bedingungen diese Diskussion konkret erfüllen muss, um einen inhaltlichen Vergleich von Theismus und Naturalismus in guter Weise zu ermöglichen.

2.4. Kritischer Rationalismus und Theologie

Orientierung bieten hier einige Überlegungen des österreichischen Wissenschaftstheoretikers und Sozialphilosophen *Karl R. Popper* (1904–1994), der lange Zeit an der London School of Economics lehrte und als Begründer des *kritischen Rationalismus* gilt.[19] Ausgangspunkt von Poppers Überlegungen ist seine Kritik an der traditionellen Art und Weise, wie in den empirischen Wissenschaften Hypothesen und Theorien aufgestellt und überprüft wurden. Als Hypothese wird dabei zunächst eine Annahme bezeichnet, deren Geltung man bloß vermuten kann und die als Vorstufe für eine umfassendere Theorie dient. Die Wissenschaften stützten sich zur Zeit Poppers weitgehend auf die so genannte *induktive* Methode, in der es darum geht, vom besonderen Einzelfall auf das Allgemeine, Gesetzmäßige zu schließen, das heißt also von Beobachtungen oder Experimenten auf bestimmte Hypothesen oder Theorien.

Popper selbst stand in regem Austausch mit einer der damals bedeutendsten philosophischen Gruppierungen, dem *Wiener*

Kreis. Die Weltauffassung der Wiener war empirisch, erkannte also ausschließlich das an, was erfahr- und messbar ist. Diesen Grundgedanken trug Popper selbstverständlich mit. Anders jedoch sah es mit der zweiten Grundthese des Wiener Kreises aus, die Popper pointiert kritisierte: die Überzeugung, dass die induktive Logik die entscheidende Grundlage für die moderne wissenschaftliche Methode sei. Die Wiener gingen davon aus, dass das *Verifikationskriterium* das entscheidende Kriterium für die Qualität wissenschaftlicher Aussagen sei. Man war davon überzeugt, dass sich die Wahrheit von Theorien in der Regel zweifelsfrei beweisen lasse. Demnach war es nur dann rational, eine bestimmte Theorie für richtig zu halten, wenn sie in der Tat auch definitiv bewiesen war.

Karl Popper wies nun zunächst darauf hin, dass es alles andere als selbstverständlich ist, die so genannte induktive Methode zu verwenden, das heißt von einzelnen Beobachtungen – und seien sie noch so zahlreich – auf allgemeine Sätze oder Behauptungen zu schließen. Durch Beobachtungen alleine kann man keine allgemeine Theorie beweisen. Berühmt geworden ist sein Beispiel, dass die Beobachtung selbst sehr vieler weißer Schwäne nicht zu dem Schluss berechtigt, dass alle Schwäne, die existieren, weiß sind. Auch wenn man immer wieder weiße Schwäne in großer Zahl beobachtet, könne man dadurch die mathematische Wahrscheinlichkeit für die Richtigkeit der Behauptung „alle Schwäne sind weiß“ nicht grundlegend steigern: Schon die Beobachtung eines einzigen schwarzen Schwans reiche aus, um die Theorie als falsch zu erweisen.

Nun ging Popper davon aus, dass es grundsätzlich nicht möglich ist, eine wissenschaftliche Theorie als definitiv wahr und richtig zu beweisen. Stattdessen sei jede Erkenntnis immer nur vorläufig und müsse sich in der experimentellen Erfahrung und in verschiedenen logischen Prüfungen bewähren. Im Letzten könne man eine Behauptung jedoch nie als wahr erweisen, sondern habe man es im besten Fall mit einer erfolgreichen und in der Praxis gut bewährten Theorie zu tun. Auch die beste Theorie stehe dann immer unter dem Vorbehalt, dass neuere Erkenntnisse oder Beobachtungen es notwendig machten, sie zu verändern oder auch ganz aufzugeben.

Statt der *induktiven* Beweisbarkeit von Theorien favorisiert Popper die Methode der *deduktiven* Überprüfung – also der Nachprüfung und Auslese von Theorien. Am Anfang der Deduktion steht ganz einfach ein Einfall, eine Hypothese, die zunächst noch gar nicht weiter begründet wird. Aus dieser Hypothese werden dann auf logisch deduktivem Weg Folgerungen abgeleitet. Anders als bei der Induktion, in der aus dem Besonderen auf das Allgemeine geschlossen wird, steht in der Deduktion also das Allgemeine am Beginn, aus dem dann das Besondere abgeleitet wird.

Die Folgerungen können nun untereinander und mit anderen Sätzen verglichen und überprüft werden. Dabei kann man vier Richtungen unterscheiden, nach denen die Prüfung durchgeführt wird:

(1) Die Folgerungen werden untereinander auf ihre logischen Zusammenhänge hin überprüft, das heißt, man untersucht, ob eventuell Widersprüche zwischen den einzelnen Schlussfolgerungen bestehen.
(2) Die logische Form der Theorie wird daraufhin überprüft, ob es sich tatsächlich um eine logisch sinnvolle empirisch-wissenschaftliche Theorie handelt.
(3) Man vergleicht die Theorie mit anderen Theorien, die sich in der Praxis bewährt haben, und überprüft, ob durch die neue Hypothese ein wissenschaftlicher Fortschritt erzielt werden kann, und
(4) schließlich werden die abgeleiteten Folgerungen empirisch geprüft, das heißt in der Praxis auf ihre Anwendbarkeit hin untersucht.

Diese deduktive Methode Karl Poppers veränderte den Begriff der Wissenschaft und der wissenschaftlichen Methode in geradezu revolutionärer Art und Weise: Seit der griechischen Antike war man im Allgemeinen davon ausgegangen, dass nur ein vollgültiger Beweis einer Theorie es erlaubte, eine bestimmte Überzeugung rationalerweise zu vertreten. Solange das Beharren auf der grundsätzlichen Beweisbarkeit von Hypothesen aufrechterhalten wurde, war mit dem Anspruch auf die Rationalität der eigenen Position immer auch die Behauptung einer rationalen Minderwertigkeit der jeweiligen Gegenposition verbunden.

Nach Poppers Verständnis galten jetzt ganz andere Kriterien: Zum einen bezeichnete er eine Theorie nur noch dann als wissenschaftlich, wenn sie so formuliert war, dass sie grundsätzlich falsifiziert, also durch einen Gegenbeweis widerlegt werden konnte. Zum andern mussten die verschiedenen Hypothesen und Schlussfolgerungen eines Theoriensystems grundsätzlich dem Prinzip der Widerspruchsfreiheit genügen und miteinander logisch vereinbar sein. Wenn es nun verschiedene, in sich widerspruchsfreie, aber miteinander konkurrierende Theoriesysteme gibt, die ein und denselben Gegenstand zu erklären suchen, kommt es im kritischen Rationalismus nicht mehr darauf an zu überprüfen, welche der Theorien mehr oder weniger „wahrscheinlich“ ist, sondern inwiefern sich die Theorie in der empirischen Praxis bewährt. Es kommt für Popper nicht mehr auf die Wahrscheinlichkeit an, sondern auf den „Grad der Bewährung“ *(degree of confirmation)* einer Hypothese. Auch wenn grundsätzlich nicht ausgeschlossen werden kann, dass eine bewährte Theorie weiter verbessert oder im andern Fall falsifiziert werden kann, wäre es demnach sinnvoll, erfolgreichen Theorien gegenüber weniger bewährten Alternativen den Vorzug zu geben. Insgesamt geht Popper von einer evolutionären Entwicklung der

Erkenntnis aus, die sich im Rahmen einer empirischen und logischen Auslese und Verbesserung von Hypothesen vollzieht.

Damit ist allerdings noch nicht geklärt, warum es sinnvoll sein sollte, dieses Verständnis als Modell für eine theologische Methode zur Untersuchung des göttlichen Wirkens in der Welt heranzuziehen. Auf den ersten Blick scheinen die Widersprüche zwischen einer evolutiven Erkenntnistheorie und den traditionellen Lehren einer Offenbarungsreligion wie dem Christentum zu offensichtlich zu sein. In der Tat ist der kritische Rationalismus zunächst auch in deutlicher Opposition zu Metaphysik und Theologie formuliert worden. Es liegt ja auf der Hand, dass es in der scholastischen und später der neuscholastischen Theologie selbstverständlich um metaphysische Fragen ging und es über Jahrhunderte hinweg ein zentrales Ziel gewesen war, die Existenz Gottes in logisch stringenter Art und Weise zu *beweisen.* Auch ansonsten orientierte sich insbesondere die neuscholastische Theologie innerhalb eines relativ streng durchdeklinierten und logisch aufgebauten Gedankengebäudes, das nur wenig Raum für die Auseinandersetzung mit modernen erkenntnistheoretischen Überlegungen bot. Inzwischen allerdings hat sich das Verhältnis von kritischem Rationalismus und Theologie in weiten Teilen entspannt.[20] Wenn es nun darum geht, einige Aspekte der Theologie mit Hilfe der Prinzipien des kritischen Rationalismus methodisch zu untersuchen, sei zunächst noch einmal daran erinnert, dass hier keinesfalls Gott selbst, sondern lediglich die konkreten Ansatzpunkte des Handelns Gottes in der Welt auf dem Prüfstand stehen.

Zwar geht es in der Theologie nicht um eine „Evolution des Glaubenswissens", doch kann auch im theologischen Kontext – und hier besonders in der Verhältnisbestimmung von Theologie und Naturwissenschaften – das Bild eines stetig heranwachsenden Baums der Erkenntnis zutreffend sein. So ist zum Beispiel das Wissen um die Komplexität des Kosmos eng mit dem Voranschreiten der wissenschaftlichen Einblicke in die Gesetze der Natur verbunden. Dieses Wissen über die Welt ist selbstverständlich nicht nur für die naturwissenschaftliche Kosmologie, sondern auch für die theologische Schöpfungslehre von Bedeutung. So ist es zum Beispiel eine triviale Erkenntnis, dass die Theologie nur dann einen Zusammenhang zwischen dem kosmologischen Urknall und dem theologisch formulierten Schöpfungsakt Gottes herstellen kann, wenn das Wissen über die physikalischen Zusammenhänge des Universums überhaupt eine solche Urknalltheorie als Modell der Weltentstehung beinhaltet.

Darüber hinaus ermöglichen die Kriterien des Popper'schen Rationalitätsverständnisses auch einen etwas milderen und historisch angemessenen Blick auf bestimmte religiöse Deutungen innerweltlicher Phänomene in früheren Jahrhunderten. Wenn etwa im Mittelalter die Verbreitung vieler Krankheiten primär als Strafe Gottes für menschliche Vergehen gedeutet wurde, so lässt sich dies angesichts der mangelhaften medizinischen Kenntnisse der Zeit kaum als irrational abtun. Die religiös motivierte Überzeugung, wann und wo Gott auf direkte Art in und an der Welt handelt, ist an unser Wissen über die Natur gebunden. Wenn es also immer wieder Veränderungen und sogar einen Fortschritt bei der Konkretisierung der Vorstellungen des göttlichen Wirkens in der Welt gibt, so ist das nicht verwunderlich, sondern im Gegenteil ganz selbstverständlich.

Es geht jedoch nicht darum, einfach überall dort, wo unsere naturwissenschaftlichen Kenntnisse an Grenzen stoßen, das Handeln Gottes als Lückenbüßer einzusetzen. Stattdessen sollen zentrale Punkte und Folgerungen der traditionellen theistischen Deutung der Welt auf ihre Vereinbarkeit mit den modernen Naturwissenschaften hin überprüft werden. Gleichzeitig wird auf diese Weise die Bedeutung der Glaubensüberzeugungen in unserer Zeit konkret und nachvollziehbar benannt. Eine Theologie, die sich den grundlegenden Inhalten des Glaubens verpflichtet weiß und von der lebensweltlichen Bedeutung des Handelns Gottes überzeugt ist, kann daher mit großem Interesse und Optimismus das Voranschreiten naturwissenschaftlicher Forschung und Erkenntnisse mitverfolgen. Genau in diesem Sinne deutet Pius XII. in der oben bereits erwähnten Ansprache an die Päpstliche Akademie der Wissenschaften das Zusammenwirken von Theologie und Naturwissenschaften:

„Anders als man früher immer wieder betont hat, entdeckt die wahre Wissenschaft in dem Maße, in dem sie voranschreitet, immer mehr Gott, so als stünde Er selbst erwartungsvoll hinter jeder Tür, die von der Wissenschaft geöffnet wird. Wir wollen darüber hinaus betonen, dass diese zunehmende Erkenntnis Gottes, die sich im Anwachsen des Wissens vervollkommnet, nicht nur dem Wissenschaftler zum Wohle gereicht, sondern in besonderer Weise den Philosophen dient, da diese den Antrieb der wissenschaftlichen Errungenschaften für ihre rationale Spekulation nutzen, so dass sie eine größere Sicherheit für ihre Schlussfolgerungen gewinnen und auf die vielfältigen Schwierigkeiten und Einwendungen eine in zunehmendem Maße zufriedenstellende Antwort finden."[21]

Abschließend kann man nun mit Blick auf das Verhältnis von Theismus und Naturalismus einen Leitsatz formulieren, der auf wichtige Gedanken der Wissenschaftstheorie Karl Poppers zurückgreift: Solange die Inhalte des Theismus in sich widerspruchsfrei und mit unseren naturwissenschaftlichen Kenntnissen zu vereinbaren sind sowie eine erklärende Funktion für die Existenz des Universums übernehmen, ist es vernünftig und plausibel, sie für wahr zu halten.

Davon unberührt bleibt die Tatsache, dass es für Naturalisten genauso plausibel sein kann, von der Richtigkeit anderer – möglicherweise sogar gegensätzlicher – Erklärungen und Deutungen überzeugt zu sein. Ein eindeutiger logischer Beweis lässt sich für keine der beiden Positionen erbringen. Wenn hingegen der Naturalismus und die atheistische Religionskritik die Falschheit der christlichen Position behaupten, so liegt die Beweislast, der *burden of proof*, auf ihrer Seite. Umgekehrt gilt: Auch Theisten können aus der Tatsache, dass ihr Glaube vernünftig ist, nicht schlussfolgern, dass der Atheismus definitiv falsch ist. Hierfür müssten sie erst einen einwandfreien Beweis liefern.

Die Frage, wann es vernünftig ist, eine bestimmte Hypothese für wahr zu halten, wird heute also anders beantwortet als noch vor einhundert Jahren. Die Rationalität des Glaubens an Gott hängt nicht mehr von dem Beweis der Existenz Gottes ab. Wenn sich herausstellt, dass es in gleicher Weise rational ist, entweder vom wissenschaftlichen Naturalismus oder vom christlichen Theismus überzeugt zu sein, dann ist es für den Gläubigen vollkommen vernünftig, der eigenen religiösen Erfahrung zu vertrauen. Damit wäre eine Möglichkeit aufgezeigt, wie der schon erwähnten Aufforderung des Konzils an die Theologie nachgekommen werden kann, die Johannes Paul II. in der Enzyklika *Fides et ratio* wieder aufgreift: der „Erneuerung ihrer Methoden im Hinblick auf einen wirkungsvolleren Dienst an der Evangelisierung“[22].

3. Glaube und Naturwissenschaft in der Neuzeit

Was andere Philosophen vor ihm gedacht haben, kümmere ihn nicht sehr, schreibt Thomas von Aquin: In der Philosophie geht es nicht darum zu wissen, was bedeutende Menschen in vergangenen Zeiten gedacht haben, sondern wie es sich mit der Wahrheit der Dinge verhält. Wer sich mit philosophischen Fragen beschäftigt, soll nicht nur historisch arbeiten und bloß studieren, was Philosophen in vergangenen Epochen gedacht haben, sondern die Dinge selbst in den Blick nehmen.[23]

Nimmt man sich diesen Rat zu Herzen, dann könnte das heißen, an dieser Stelle direkt in die Diskussion einzusteigen und die Inhalte der Naturalisten und des Theismus miteinander zu vergleichen: Die Bedeutung der Begriffe ist geklärt, die Methode genau definiert – welchen Grund sollte es also geben, nicht sofort danach zu fragen, „wie es sich mit der Wahrheit der Dinge verhält"? Und dennoch lohnt es sich, zunächst einmal in die Geschichte zurückzuschauen und einiges über die Hintergründe zu erfahren, vor denen sich die Debatten unserer Zeit abspielen.

Der Naturalismus versteht sich als die einzig angemessene und konsequente Fortführung der Erfolgsgeschichte wissenschaftlicher Forschung. Der moderne Beobachter könnte dabei den Eindruck gewinnen, die Naturalisten seien möglicherweise so etwas wie die legitimen Hüter und Bewahrer der wissenschaftlichen Methode. In der Tat deuten Naturalisten die Geschichte gerne in der Weise, dass es sich beim christlichen Theismus um eine Weltanschauung handelt, die vom Grundgedanken her kontra-wissenschaftlich ist und nie eine tragfähige Beziehung zum wissenschaftlichen Denken entwickeln konnte.

So geht etwa der amerikanische Religionskritiker *James Thrower* davon aus, dass wissenschaftliche Positionen an sich atheistisch sind. Die gesamte Philosophiegeschichte deutet er als Entwicklung von einer längst überkommenen mythischen und religiösen Weltsicht hin zu einem äußerst erfolgreichen Naturalismus, der es heutzutage gar nicht mehr nötig habe, sich wie der traditionelle Atheismus in Abgrenzung zum Glauben zu definieren. Thrower behauptet, dass sich das

Christentum von Anfang an als religiöses Gegenkonzept zum Naturalismus der griechischen und römischen Antike verstanden habe. Von daher sei zu erwarten gewesen, dass der wissenschaftliche Fortschritt in späteren Zeiten, als das Christentum eine gesellschaftliche und geistesgeschichtliche Vorrangstellung erlangt hatte, im Grunde zum Erliegen gekommen ist. Die sprichwörtliche *Finsternis* des Mittelalters führt er ganz auf die christliche Dominanz des damaligen Lebens und Denkens zurück.[24]

Diese etwas wüste Deutung der Wissenschaftsgeschichte hätte durchaus eine ausführliche Antwort verdient. Man müsste in diesem Zusammenhang das ausdrücklich philosophiefreundliche Selbstverständnis des Christentums thematisieren und fragen, was Thrower dazu veranlasst, die Antike so phantasievoll als „Zeitalter des Naturalismus" zu bezeichnen. Dass dann die Spätantike und das frühe Mittelalter bis hin in die Zeit nach der Jahrtausendwende nicht unbedingt zu den Glanzzeiten der westlichen Wissenschaftsgeschichte gehören, hat vielfältige historische und gesellschaftliche Gründe. Wenn man allerdings bedenkt, dass die verbliebenen Kulturträger und Erneuerer der philosophischen und wissenschaftlichen Kenntnisse dieser Zeit in aller Regel aus einem kirchlichen und häufig monastischen Umfeld stammten, kann man zu Recht an der Richtigkeit von Throwers Überlegungen zweifeln.

Bedeutsamer als Throwers inhaltliche Kritikpunkte am christlichen Theismus ist daher ein anderer Aspekt: Der Konflikt zwischen Naturalismus und Theismus beschränkt sich ganz offensichtlich nicht auf die kontroverse Diskussion einiger inhaltlicher Fragen, sondern ist grundsätzlicher Art. Dabei wird allzu schnell ein Zerrbild der theistischen Position gezeichnet, indem die Bedeutung Gottes für die Erklärung der Welt auf die eines *deus ex machina*, eines „Gottes aus der

(Theater-)Maschine“ reduziert wird: Im antiken Theater tauchte immer dann, wenn es in der Handlung besonders dramatisch und kompliziert zuging, der *deus ex machina* auf – also der mit Hilfe einer besonderen Maschine herabgelassene Gott –, der alle Verwicklungen wie durch ein Wunder auflöste. Naturalisten werfen Theisten vor, dass die Bedeutung und Funktion Gottes für die Erklärung der Welt im Grunde nichts anderes sei als dieser simple und etwas naive Trick des antiken Theaters. Die Bedeutung Gottes für die Wissenschaft sei die eines Lückenbüßers.

In der Tat ist es nicht ganz von der Hand zu weisen, dass man im Laufe der Geistesgeschichte Gott immer dann ins Spiel gebracht hat, wenn man nach einer schnellen Antwort für ungeklärte naturwissenschaftliche Fragen oder Phänomene suchte. Ein solcher Standpunkt ist jedoch auch in theologischer Hinsicht von Anfang an problematisch, weil dabei auf jede theologische Reflexion des Glaubens verzichtet wird und die Rolle Gottes in einem rein funktionalen Sinn zur Sprache kommt. Der Lückenbüßergott wirkt wie eine Karikatur der theologischen Kernaussage, um die es eigentlich geht, nämlich dass der Wille Gottes die Antwort auf die Frage ist, warum die Welt existiert, und dass dieser Gott die Schöpfung auch nach der Erschaffung im Sein erhält und liebevoll begleitet.

Wie sehr die naturalistische Interpretation Gottes als bloßer Lückenbüßer am Kern des Schöpfungsglaubens vorbeigeht, zeigen nicht nur die Ausführungen von James Thrower, sondern lässt sich auch bei Bernulf Kanitscheider gut belegen. In seiner Einführung in die moderne Naturphilosophie äußert sich Kanitscheider ausführlich über die Spannungen zwischen Naturwissenschaft und Religion.[25] Kanitscheider glaubt in der Religion so etwas wie den natürlichen Gegenspieler von Vernunft und Wissenschaft zu erkennen. Das positive Zugehen der mittelalterlichen scholastischen Theologie auf die Naturwissenschaften und die empirische Welt hält er daher für gefährlich und hinderlich: Glaube und Wissenschaft sollten seiner Auffassung nach nicht miteinander verbunden, sondern streng voneinander getrennt werden. Einen ersten mittelalterlichen Versuch, die Allianz von Theismus und Naturwissenschaften aufzulösen, verortet Kanitscheider in einer Schrift des englischen Philosophen *Adelard von Bath* († nach 1150). Dass die Wahl Kanitscheiders gerade auf Adelard fällt, ist bemerkenswert, da dessen Hauptbedeutung eher auf seiner Tätigkeit als Übersetzer astrologischer und astronomischer Schriften aus dem Arabischen ins Lateinische beruht als auf bedeutenden Impulsen für die zeitgenössische Wissenschaftstheorie.

Kanitscheider bezieht sich auf eine Aussage Adelards, mit der dieser auf ein Argument antwortet, das die Bedeutung der Vernunft für das Verständnis unserer Welt grundsätzlich in Frage stellt. Ausgangspunkt ist also die Behauptung, dass es bei der Beschreibung der Natur sinnvoll sei, auf rationale Erklärungen und Begründungen völlig zu verzichten, da ja letztlich alle Vorgänge im Universum einzig der Größe Gottes zuzuschreiben seien. Adelard antwortet auf dieses Argument mit dem Hinweis, dass Gott keine ungeordnete Welt geschaffen habe und man daher durchaus Vertrauen in die Reichweite der menschlichen Erkenntnis haben dürfe. Nur dort, wo die Wissenschaft den Menschen gänzlich im Stich lasse, solle man sich auf Gott selbst berufen:

> „Ich nehme Gott nichts weg. Alles, was ist, ist von ihm und durch ihn. Aber [die Natur] ist nicht verworren und ohne System, und soweit die menschliche Erkenntnis vorgedrungen ist, sollte man dies beachten. Nur wenn sie gänzlich versagt, sollte man die Sache auf Gott zurückführen."[26]

Adelard betont hier die grundlegende Bedeutung Gottes für den Kosmos, den dieser als naturgesetzlich geordnete Welt geschaffen hat. Es ist aber die Aufgabe der Menschen, die Welt zu erforschen. Die Welt wird damit gleichzeitig zum Gegenstand der Theologie und der Naturwissenschaften. Darüber hinaus spricht Adelard von – eher seltenen – Phänomenen, die nicht in diese Struktur der Welt eingeordnet sind und nur durch das direkte Handeln Gottes erklärt werden können. Damit möchte er nicht sagen, dass sich die Bedeutung Gottes ausschließlich auf diese Bereiche jenseits der wissenschaftlichen Erkenntnismöglichkeiten bezieht. Im Gegenteil versteht er die gesamte Welt als von Gott geschaffen und auf ihn hin bezogen *(„Alles, was ist, ist von ihm und durch ihn“)*. Kanitscheider missversteht das Anliegen Adelards also gründlich, wenn er behauptet, dieser gehe von der Existenz zweier voneinander getrennten Bereiche aus, von denen der weitaus größere Teil sozusagen der Bereich der Naturwissenschaften sei und nur der verbleibende kleinere Teil Gott selbst zugeordnet werden könne.

Man muss Adelard im Rahmen des scholastischen Gottesbegriffs verstehen, wonach Gott der Grund allen Seins und allmächtig ist – er verfügt über vollkommene Macht. In aller Regel bedeutet das Handeln Gottes, dass er die naturgesetzlich geordnete Welt im Sein erhält: Die durch Gottes Willen geschaffene und geordnete Welt kann vom Menschen erforscht werden. Wenn Gott allerdings aus seiner Allmacht heraus außerhalb der vorgegebenen Ordnung handelt, hat der Mensch keine Möglichkeit, hierfür irgendwelche wissenschaftlichen Ursachen und Zusammenhänge zu erforschen.

Adelard geht es ganz offensichtlich um die Frage nach der Reichweite und den Grenzen der wissenschaftlichen Erforschbarkeit der Schöpfung. Das ist etwas völlig anderes als die

These, die Bernulf Kanitscheider formuliert, dass nämlich die Existenz Gottes keine Bedeutung habe für all das, was naturgesetzlich erforscht werden könne.

3.1. Isaac Newton: Einheit von Glaube und Naturwissenschaft

Aus Sicht der naturalistischen Wissenschaftshistoriker stand die Theologie im Grunde schon zur Zeit der scholastischen Denker auf verlorenem Posten. Jede naturwissenschaftliche Neuentdeckung deutet der Naturalismus als Niederlage der Theologie. Zumindest indirekt wird auf diese Weise behauptet, dass sich die Bedeutung Gottes für die Welt tatsächlich nur auf die nicht erforschten Phänomene im Kosmos beschränke. Dass ein solches Verständnis aus theologischer Sicht reichlich abwegig ist, braucht nicht weiter zu verwundern.

Auf der anderen Seite ist es richtig, dass man in früheren Jahrhunderten dem direkten Eingreifen Gottes eine deutlich größere Bedeutung zugesprochen hat, als es heute üblich ist. Besonders zeigt sich das bei *Isaac Newton* (1643–1727), dem Begründer der klassischen theoretischen Physik. In seinen beiden Hauptwerken *Mathematische Prinzipien der Naturlehre* und der *Optik* widmet Newton ganze Kapitel der Frage, wie sich theologische und naturwissenschaftliche Erkenntnisse in Einklang bringen lassen.

Obwohl er im Nachhinein vielfach als Architekt eines mechanistischen Materialismus wahrgenommen wurde, sah sich Newton selbst in der Tradition des naturwissenschaftlich-theologischen Weltbildes. Es war ihm ein zentrales Anliegen, die religionsphilosophische Frage nach der Existenz Gottes im Zusammenhang mit den Gesetzen der Mechanik und der Kosmologie zu diskutieren. Besonders im Hinblick auf die Frage nach dem Ursprung des Universums wird deutlich, für wie begrenzt Newton die Aussagekraft physikalischer Theorien hielt:

> „Dieses uns sichtbare, höchst erlesene Gefüge von Sonne, Planeten und Kometen konnte allein durch den Ratschluss und unter der Herrschaft eines intelligenten und mächtigen wahrhaft seienden Wesens entstehen. (...) Er lenkt alles, nicht als Weltseele, sondern als der Herr aller Dinge. Und wegen seiner Herrschaft wird der Herr Gott oft PANTOKRATOR *[Allherrscher]* genannt."[27]

Zwei zentrale theologische Überlegungen Newtons sollen hier nicht unerwähnt bleiben. Zum einen war er davon überzeugt, dass der hohe Ordnungsgrad des Planetensystems ein wichtiger Hinweis auf die Existenz eines planenden Schöpfers sei: Er ging davon aus, dass die Welt nicht das Produkt einer zufälligen Entstehung sein konnte und auch die Naturgesetze keiner absoluten Notwendigkeit entspringen, sondern durch den Ratschluss eines intelligenten Urhebers angeordnet worden sind. Dieser Urheber verfolge demnach mit seinem Tun ein bestimmtes Ziel, nämlich die Erschaffung einer Welt in genau der Form, welche die Entwicklung des menschlichen Lebens ermögliche. Zum anderen ging Newton davon aus, dass Gott die Welt nicht nur in einem einmaligen Schöpfungsakt ins Dasein gebracht hat, sondern dass er ununterbrochen und umsichtig in dieser Welt wirkt und ihr sogar neue Energie zukommen lässt, wenn der Zerfall in Unordnung oder Unbeweglichkeit droht.

Es überrascht nicht, dass Newton mit diesen Überlegungen nicht nur Zustimmung, sondern auch Widerspruch hervorrief. Besondere Beachtung verdient dabei die Korrespondenz, die Newtons Schüler *Samuel Clarke* (1675–1729) mit Gottfried Wilhelm Leibniz führte. Leibniz machte der Newton'schen Naturphilosophie denselben Vorwurf, den naturalistische Philosophen auch heute – wenn auch aus anderem Grund – gern wiederholen: Newton beschreibe die Welt als unvollkommene Maschine Gottes, als eine Uhr, die Gott von Zeit zu Zeit aufziehen müsse, um ihr neue Energie zu verleihen.

Allerdings ist es wichtig, den Grund zu kennen, der Leibniz zu seiner Kritik an Newton veranlasste. Im Kern ging es um die Frage, ob Gott die beste aller möglichen Welten erschaffen habe oder ob der Schöpfer die Welt auch anders habe entwerfen können und sie gegebenenfalls auch variieren oder neu konzipieren könne. Für Leibniz jedenfalls stand fest, dass die Schöpfung tatsächlich die beste aller möglichen Welten und daher physisch vollkommen ist. Dazu gehört auch, dass die Natur ein sich selbst genügendes Ganzes ist, dessen Grundvollzüge so funktionstüchtig sind, dass der Schöpfer nicht mehr eingreifen muss. Gott hat demnach bei der Erschaffung der Welt wie ein Uhrmacher gehandelt und das Universum in Freiheit und vollkommener Güte als perfekte Maschine gestaltet.

Aus Sicht der naturalistischen Geschichtsschreibung ergibt sich erwartungsgemäß ein anderes Bild: Naturalisten erkennen in der Gottesvorstellung Newtons sehr schnell den *deus ex machina,* auf den man immer dann – und nur dann – zurückgreife, wenn man keine wissenschaftlichen Lösungen zu bieten habe. Dieser Vorwurf wird der Naturphilosophie Newtons aber nicht gerecht. Newton war von der rationalen und rundum wohlgeordneten Struktur der Welt überzeugt. Gleichzeitig vertraute er aber auf einen Gott, der die Welt nicht nur in einem einmaligen Akt erschaffen hat, sondern dem Universum überhaupt erst Stabilität und Zusammenhalt verleiht. Für Newton war Gott kein Lückenbüßer, sondern der eigentliche Grund der Existenz des Universums. Den Kosmos verstand er als Schöpfung, die umschlossen und eingebettet ist in den Willen Gottes.

3.2. Physik und Philosophie: Kein Raum mehr für Gott?

Das Beispiel Isaac Newtons zeigt, dass man die Entdeckung neuer Prinzipien und Gesetze der Physik nicht gegen das theistische Weltbild ins Feld führen muss. Im Gegenteil: Hervorragende wissenschaftliche Forschung kann den Schöpfungsglauben sogar noch befördern.

Diese Einsicht ist für den Dialog von Theismus und Naturalismus von zweifacher Bedeutung. Zum einen zeigt sich, dass das Wissenschaftsverständnis des Naturalismus nicht ohne Alternativen ist. Erfolgreiches naturwissenschaftliches Arbeiten bedeutet aus theistischer Sicht nichts anderes als die Ermöglichung eines besseren Einblicks in die Zusammenhänge der von Gott geschaffenen Welt. Zum anderen muss sich auch die Theologie darüber im Klaren sein, dass es ihr Auftrag ist, neue Forschungsergebnisse wahrzunehmen und anschließend zu prüfen, ob sie in theologischer Hinsicht von Bedeutung sind. Dabei sollte man einen Mittelweg wählen zwischen dem Misstrauen, mit dem kirchliche Autoritäten lange Zeit auf naturwissenschaftliche Entdeckungen reagiert haben, und einer vorschnellen und ungehemmten Wissenschaftsgläubigkeit.

Anders als Newton haben viele zeitgenössische Philosophen die neuen wissenschaftlichen Erkenntnisse zum Anlass genommen, althergebrachte religiöse Überzeugungen in Frage zu stellen. Das Bild eines *Uhrmachergottes* wurde schon in der englischen Frühaufklärung, etwa von *Herbert von Cherbury* (1583–1648) oder später *John Toland* (1670–1722), vertreten. Die so genannten *Deisten* gingen davon aus, dass das Fundament des Glaubens ausschließlich auf Vernunftwahrheiten beruht. Herbert von Cherbury definiert daher eine „wahre Theologie". So benennt er fünf theologische Glaubenswahrheiten, in denen er den Kern aller Religionen zu erkennen glaubt. In diesen Artikeln bringt Cherbury zwar einerseits seine Überzeugung zum Ausdruck, dass Gott tatsächlich existiert und dass es angemessen ist, Gott zu verehren. Andererseits macht er jedoch keinerlei Aussagen über die konkrete Gestalt der Religionen oder ein mögliches Handeln Gottes in der Welt. Die Deisten verabschieden sich von der Überzeugung, dass Gott die Welt nicht nur erschaffen hat, sondern an und in ihr handelt.

Für viele große Denker sah es so aus, als habe sich das Schöpfungshandeln Gottes darauf beschränkt, einen geeigneten „elementarischen Grundstoff" zu erschaffen, der dann durch die Gesetze der Physik klar und systematisch geordnet wurde. Die gesamte Entwicklung nach der Erschaffung der Welt sei demnach ohne weiteres Eingreifen der „unmittelbaren Hand" Gottes verlaufen (*Immanuel Kant*, 1724–1804).

Es war von da an nur noch ein letzter und entscheidender Schritt bis zu den Thesen des französischen Mathematikers und Astronomen *Pierre-Simon de Laplace* (1749–1827), dessen Name sich auf besondere Weise mit dem neuzeitlichen Naturalismus verbindet. Laplace hatte ein mechanistisches Weltbild entworfen und Newtons Himmelsmechanik und Gravitationslehre fortentwickelt. Dabei war es ihm gelungen, mit Hilfe der so genannten Nebularhypothese eine natürliche Erklärung für den Ursprung unseres Sonnensystems vorzulegen. Laplace konnte beweisen, dass das Sonnensystem physikalisch stabil ist und daher ein regelmäßiges Eingreifen Gottes, wie es noch von Newton vermutet worden war, nicht notwendig ist. Auf die Frage Napoleon Bonapartes nach der Rolle Gottes im Planetensystem soll er geantwortet haben: *„Sire, je n'avais pas besoin de cette hypothèse là"* – „Sire, diese Hypothese habe ich nicht nötig."

Es ist charakteristisch für die Naturphilosophie des 18. und 19. Jahrhunderts, dass man den Grundgedanken einer physikalisch durchgängig geordneten Welt auf der Basis der Newton'schen Mechanik umsetzte. Das Universum wurde dabei als stabiles und in sich abgeschlossenes System beschrieben, das in all seinen Abläufen vollständig determiniert, also kausal vorherbestimmt ist. Jeder Zustand des gesamten Systems, jedes einzelne Ereignis im Universum wird dabei als direkte und kausal notwendige Folge des jeweils vorhergehenden Zustands begriffen. Diesem Grundprinzip entsprechend wäre folgendes Szenario denkbar: Wenn es eines Tages möglich wäre, den gesamten Status des Kosmos zu einem bestimmten Zeitpunkt exakt zu beschreiben, wenn man also die gesamte Verteilung von Materie, Kräften und Bewegungen im Universum mit absoluter Gewissheit kennen würde, dann könnte man daraus die Situation des Universums für jeden beliebigen zukünftigen oder vergangenen Zeitpunkt genau berechnen.

Es ist offensichtlich, dass ein derart geschlossenes naturalistisches System keinen Raum mehr bietet für die Bedeutung Gottes in der Welt. Auch das Menschenbild verändert sich damit grundlegend. Der Mensch wird nicht mehr als Person verstanden, die mit Freiheit und einzigartiger Würde versehen ist, sondern als Wesen, das völlig in das Zusammenspiel der Kausalitäten eingebunden ist. Die Würde des Menschen begründet Laplace nicht mehr religiös, sondern mit dem Hinweis auf den Rang und die Klasse der wissenschaftlichen Leistungen der Menschheit.

3.3. David Hume: Abschied von der Rationalität des Glaubens

Laplace und die französischen Mechanisten verzichteten auf „die Hypothese Gott" und waren davon überzeugt, dass alle Abläufe in der Welt streng determiniert sind. In philosophischer Hinsicht konnten sie sich dabei auf *David Hume*

(1711–1776) berufen, einen der bedeutendsten Vertreter der britischen Aufklärung und des Empirismus. In der Schrift *Dialoge über die natürliche Religion* untersucht Hume die Möglichkeit, aus der empirischen Struktur der Welt Schlussfolgerungen über den Ursprung des Universums zu ziehen: „Mit welcher Sicherheit können wir über den Ursprung von Welten entscheiden oder die Spur ihrer Geschichte von Ewigkeit zu Ewigkeit verfolgen?“[28]

Die Vertreter der *natürlichen Religion* bzw. des *Deismus* hatten sich, wie schon erwähnt, weit vom traditionellen Theismus entfernt: Herbert von Cherbury und John Toland, aber auch Gottfried Wilhelm Leibniz und Immanuel Kant waren davon ausgegangen, dass man mit Hilfe der Vernunft und der Anschauung der empirischen Welt auf die Existenz eines Schöpfergottes schließen kann. Ein Weiterwirken Gottes in der Natur und Geschichte der Welt lehnten sie jedoch ab. Der allmächtige Gott habe die Welt so erschaffen wie ein Uhrmacher ein auf ewig funktionierendes Uhrwerk.

David Hume formuliert seine Kritik an der natürlichen Religion in Form eines Dialogs. Der Philosoph Cleanthes, der die klassischen Argumente der Deisten vertritt, trifft auf den Skeptiker Philo, der diese Thesen hinterfragt.

Zunächst legt Hume dem besonnenen Cleanthes das Hauptargument der natürlichen Religion in den Mund: Die Welt sei nichts anderes als eine große Maschine, die in eine unendliche Zahl kleinerer Maschinen aufgeteilt sei. Die Funktionen all dieser Maschinen seien mit einer so großen Präzision aufeinander abgestimmt, dass sich jeder Beobachter der Natur daran erinnert fühlen müsse, was Menschen durch ihre Kunst und Weisheit erschaffen hätten – allerdings mit dem Unterschied, dass die Wunder der Natur viel großartiger seien als alles, was je von Menschen hervorgebracht worden sei. Den Regeln der Analogie folgend, könne man daher davon ausgehen, dass „der Urheber der Natur dem Geist des Menschen einigermaßen ähnlich ist, freilich im Besitz viel größerer Fähigkeiten“[29].

Der Skeptiker Philo widerlegt diese Behauptung. Er weist darauf hin, dass es rein logisch nicht möglich ist, von der Schönheit und Komplexität der Natur auf die Existenz Gottes zu schließen. Zwar sei es grundsätzlich denkbar, ähnliche Dinge miteinander zu vergleichen und auf diese Weise einigermaßen sichere Schlussfolgerungen abzuleiten, doch müsse man darauf achten, dass die Dinge, die man einander gegenüberstelle, von ihrem Wesen her nicht allzu unterschiedlich seien. Genau das aber sei der Fehler, den der fromme Cleanthes begehe: Er vergleiche die Gesamtheit der natürlichen Dinge mit Gegenständen, die der Mensch geschaffen habe. Der Wesensunterschied zwischen diesen Vergleichsgruppen sei aber so groß, dass man aus der Analogie keine ordentlichen Schlüsse ziehen könne, sondern die Existenz Gottes im Grunde erraten, vermuten und von vorneherein annehmen müsse.

Zwar sei es richtig, dass die Maschinen, die von Menschen hergestellt würden, einen bestimmten Zweck erfüllten und dass auch viele Gegenstände und Lebewesen der Natur funktionstüchtig und zielgerichtet seien. Diese Ähnlichkeit allein reiche aber nicht aus, um auf die Existenz eines willentlich und absichtsvoll handelnden Schöpfers zu schließen. Das Universum als Ganzes sei einzigartig und könne nicht mit einzelnen Gegenständen oder Maschinen verglichen werden.

Außerdem weist Philo darauf hin, dass die Natur keineswegs perfekt ist, sondern dass zahllose Fehler und Grausamkeiten in ihr stecken. Eine derartig üble und fehlerhafte Welt lasse sich wohl kaum mit der Vollkommenheit Gottes in Einklang bringen. Letztlich, so behauptet Philo, kann man sich eine ganze Reihe von Möglichkeiten vorstellen, wie die Welt entstanden sein könnte, die mindestens ebenso glaubwürdig sind wie die Hypothesen der natürlichen Religion. Bei genauerem Hinsehen wären die Varianten, die ohne Gott auskommen, sogar deutlich besser, weil sie philosophisch einfacher formuliert sind. So könnten die Vertreter der Schöpfungshypothese zum Beispiel nie erklären, wie es rein technisch funktioniere, dass ein überzeitlicher und transzendenter Gott eine materielle Welt erschaffe: Wie kann der jenseitige Bereich Gottes mit der diesseitigen Welt in Verbindung stehen?

Alles in allem haben sich die Argumente des Skeptikers Philo – und damit die Argumente David Humes – als schlagkräftig erwiesen. Besonders dem Einwand, dass man die Existenz Gottes nicht mit Hilfe eines einfachen Analogieschlusses beweisen kann, hatten die Deisten nichts Entscheidendes entgegenzusetzen. Diese Einsicht hatte gravierende Folgen für den weiteren Verlauf der Philosophie- und Theologiegeschichte. Nachdem viele Philosophen des 18. Jahrhunderts die traditionelle theistische Position bereits aufgegeben hatten und auf eine rein rational begründete natürliche Religion – den Deismus – vertrauten, zeichnete sich nun ab, dass auch die verbliebenen religiösen Überzeugungen ihren Anspruch auf Rationalität für immer verlieren würden. Was übrig blieb, waren ein atheistischer Naturalismus und ein Weltbild, in dem nur noch die Prinzipien der Newton'schen Mechanik gelten: Jeder Kausalzusammenhang ist naturgesetzlich vorherbestimmt, und es gibt weder Raum für Freiheit noch für einen Gott.

3.4. Von Darwin zum Darwinismus

Die Fronten zwischen Theologie und Naturwissenschaft schienen im 19. Jahrhundert weitgehend geklärt zu sein. Das mechanistische Weltbild war in sich geschlossen und kam ohne Gott aus. Für die Theologie wurde es immer schwerer, die erhoffte Einheit von Glaube und Wissenschaft zu konkretisieren. Es schien kaum noch möglich zu sein, den Glauben mit der erfahrbaren Welt in Beziehung zu bringen.

Eines der populärsten Argumente für den theistischen Glauben bestand damals in der Vielfalt der Arten in der Pflanzen- und Tierwelt. Es gab keinen Grund, daran zu zweifeln, dass die Arten unveränderlich und jeweils für sich entstanden waren – oder besser: erschaffen worden waren. Brauchte es nicht das Handeln Gottes, um diese Vielfalt zu erklären? Sollte man sich die Existenz des Menschen als Ergebnis eines gewaltigen Zufalls erklären – oder nicht doch eher auf das Wirken des Schöpfergottes vertrauen?

Für die Biologie kam es einer Revolution gleich, als *Charles Darwin* (1809–1882) die Evolutionstheorie formulierte: das Prinzip der natürlichen Selektion und Evolution der Arten. Darwin hatte erkannt, dass die Arten eben nicht von Anfang an konstant und unverändert geblieben sind. Stattdessen haben sich offensichtlich ganz enorme stammesgeschichtliche Entwicklungen vollzogen. Ausgehend von den einfachsten Erscheinungen des Lebens haben sich die Arten über zahllose Generationen hinweg fortentwickelt und den jeweiligen Lebensumständen angepasst. Innerhalb der einzelnen Arten überlebten und vermehrten sich in aller Regel die stärkeren oder besser angepassten Lebewesen in deutlich höherem Maß als ihre schwächeren Artgenossen. Über die Generationen hinweg bildete sich eine natürliche Zuchtwahl aus, die zum Teil ganz entscheidende Höherentwicklungen der Arten ermöglichte.

Darwin selbst war davon ausgegangen, dass seine Theorie zumindest grundsätzlich mit einem religiösen Schöpfungsverständnis zu vereinbaren ist. Dennoch wurde die Evolutionstheorie sehr schnell naturalistisch und atheistisch interpretiert. Ein Grund dafür war, dass man – einem populären und weit verbreiteten Verständnis zufolge – die Unveränderlichkeit der Arten als festen Bestandteil des Schöpfungsglaubens betrachtete. Wenn sich jetzt herausstellte, dass die Arten eben doch veränderlich waren und sogar ganz großartige Entwicklungen vollzogen haben, so wurde das von vielen Menschen als direktes Argument gegen die Erschaffung der Welt verstanden.

Auf diese Weise entwickelte sich aus der Evolutionstheorie schon bald eine umfassende Weltanschauung: Aus der wissenschaftlichen Theorie Charles Darwins wurde der Darwinismus. Besonders lässt sich das an der Veränderung des Menschenbildes verdeutlichen. Konsequenterweise hatte Darwin den Menschen in seine Lehre mit einbezogen. In seiner Schrift *Die Abstammung des Menschen* hatte er die Hypothese begründet, dass der Mensch und der Menschenaffe von gemeinsamen Vorfahren abstammen. Sehr schnell wurde diese Theorie verfremdet und vereinfacht. Wenn sich auf natürliche Weise aus ganz schlichten Lebewesen die „Krone der Schöpfung", der mit Geist begabte Mensch entwickeln kann, dann spricht anscheinend nichts mehr dagegen, sich die Existenz des Menschen vollends ohne das Handeln eines allmächtigen und liebenden Gottes vorzustellen.

Bei einigen der Nachfolger Darwins, wie etwa dem deutschen Naturforscher *Ernst Haeckel* (1834–1919), verband sich das neue darwinistische Menschenbild mit einer ziemlich ausgeprägten antireligiösen und antitheologischen Grundeinstellung. Nachdem Theologie und Kirche von Anfang an mit Skepsis auf Darwins Überlegungen reagiert hatten, wurde die Auseinandersetzung jetzt immer heftiger geführt und spaltete die Gesellschaft in verschiedene weltanschauliche Lager. In der wissenschaftlichen Diskussion sah es nicht anders aus. Darwinisten und Theologen standen sich unversöhnlich gegenüber. Die Spätfolgen dieser Konfrontation sind bis in unsere Tage zu spüren. Obwohl die Vereinbarkeit von Schöpfungsglaube und Evolutionstheorie schon seit langer Zeit von beiden Seiten grundsätzlich anerkannt wird, hat sich der Darwinismus den Status einer Art Grundtheorie des Naturalismus erhalten.

II.

Die Entstehung der Welt: Handeln Gottes oder Naturgesetz?

Schöpfungsglaube als Grundthema des Christentums

„Der Gott, von dem die Christen glauben, dass er sich endgültig und unüberholbar in Jesus Christus offenbart hat, ist kein anderer als der Schöpfer der Welt, den das Alte Testament bezeugt. Dass der Vater (...) der Schöpfer der Welt ist, das ist die erste und fundamentale Aussage des christlichen Glaubens über Gott. Sie bildet die Grundlage aller christlichen Mission seit den Anfängen der Kirche."[30]

Mit eindringlichen Worten bekräftigt der Münchener evangelische Theologe *Wolfhart Pannenberg,* wie sehr der Schöpfungsglaube in den Kernbereich des christlichen Weltverständnisses gehört. Die Theologie hat diesem Thema schon immer einen zentralen Stellenwert eingeräumt, so dass es kein Zufall ist, dass man gerade anhand der Schöpfungslehre die Vielschichtigkeit theologischer Aussagen sehr gut darstellen kann. Der Glaube, dass Gott die Welt erschaffen hat, sagt nicht nur etwas aus über die empirische Realität des Kosmos, sondern auch über das christliche Gottesverständnis, über das christliche Menschenbild und die Verantwortung, die der Mensch für die ihm anvertraute Schöpfung hat.

Schöpfungstheologie ist ein zentraler Teil der dogmatischen Gotteslehre, weist aber weit über diese hinaus. Auch für die Fundamentaltheologie, die sich mit den Grundlagen des Glaubens beschäftigt und in den Dialog mit säkularen und nichtchristlichen Philosophien und Weltanschauungen eintritt, ist sie von grundlegender Bedeutung. Besonders in der Frage nach der Rationalität und Plausibilität des Glaubens kommt das Thema in den Blick. Ist es vernünftig, wenn Christen an einen allmächtigen und liebenden Schöpfergott glauben?

Der wissenschaftliche Naturalismus, der die empirische Bedeutung des Handelns Gottes grundlegend in Frage stellt, trifft mit seiner Kritik daher den Kern der Theologie. Bei genauerem Hinsehen lassen sich die verschiedenen naturalistischen Theorien in zwei größere Gruppen einteilen. In der ersten Gruppe geht es um diejenigen Vorschläge, die man im logischen Kontext des traditionellen kosmologischen Argumentes der Theologie diskutieren kann. Das kosmologische Argument ist eng mit dem Schöpfungsgedanken verbunden und fragt nach dem Grund für die Existenz der Welt. Es taucht bereits in der vorchristlichen Antike auf und ist für die islamische und jüdische Religionsphilosophie zum Teil ähnlich prägend wie für die christliche Theologie. Eine ebenfalls sehr bewegte Geschichte hat das so genannte teleologische Argument (von griechisch *télos,* das Ziel), das im Mittelpunkt der zweiten Gruppe steht. Es bringt Gott als den Urheber für die besondere Schönheit und Geordnetheit der Welt ins Spiel. Das Universum ist so gestaltet, dass man vermuten kann, es sei nicht aus bloßem Zufall entstanden, sondern von einem planenden und lenkenden Schöpfer erschaffen worden. Das teleologische Argument hat seinen Ursprung ebenfalls in der Antike und hatte besonders im 18. Jahrhundert eine große Zahl von Anhängern. Die Einwände, die David Hume und Charles Darwin gegen das Argument vorbrachten, haben den

Kerngedanken des Argumentes dann allerdings so sehr geschwächt, dass es als widerlegt galt. Aus den ernstzunehmenden philosophischen Diskussionen war es damit weitgehend verschwunden. Erst in neuerer Zeit stehen die Inhalte des teleologischen Argumentes wieder im Mittelpunkt zahlreicher Diskussionen. Diese Aktualität hängt zum einen mit einem veränderten logischen Ansatz und zum anderen mit einigen Aspekten des derzeitigen kosmologischen Standardmodells der Entstehung des Universums zusammen.

Die Diskussion des kosmologischen und teleologischen Argumentes ist in den vergangenen Jahren auf einem zum Teil erfreulich hohen Niveau geführt worden. Indem die Theologie dabei in einen konstruktiven Dialog mit aktuellen naturwissenschaftlichen Hypothesen eintritt, kann sie ihrem ureigenen Auftrag tatsächlich gerecht werden. Etwas problematisch ist in diesem Zusammenhang die öffentliche Aufmerksamkeit, die vor allem in den USA den Vertretern einer wortwörtlichen kreationistischen Bibelinterpretation zuteil wird. Umso wichtiger ist es, den traditionellen theistischen Schöpfungsglauben mit Blick auf den Fortschritt der Wissenschaften ins Gespräch zu bringen und zu konkretisieren. Am Ende geht es um die Frage, ob der moderne Mensch, der einerseits von seiner christlichen Glaubensüberzeugung und andererseits vom naturwissenschaftlichen Leitbild unserer Gesellschaften geprägt ist, seinen Glauben rational nachvollziehen und intellektuell verantworten kann.

Erschaffung der Welt: Theologie und Kosmologie

Bei aller Bereitschaft zur sachlichen Auseinandersetzung mit den Naturwissenschaften darf man allerdings nicht vergessen, dass es bei der Schöpfungslehre auch um etwas ganz anderes geht: um das Selbstverständnis und die Heilssituation des von Gott geschaffenen und geliebten Menschen. *Theodor Schneider* und *Dorothea Sattler*, Dogmatiker aus Mainz und Münster, verweisen darauf, dass der Mensch ermutigt werden soll „zu einem gläubigen Daseinsvollzug im Vertrauen darauf, dass dieser von seinem Ursprung her, in seiner geschichtlichen Realität und in seinem Ende von Gottes heilsamem Wirken umfangen und getragen ist."[31] Im gelebten Glauben kommt es nicht zuerst auf die Kriterien der Logik und theologischen Systematik an, sondern auf die personale Beziehung der Gläubigen zu ihrem Schöpfergott.

Christen glauben, dass Gott die Welt absichtsvoll erschaffen hat, in gewissem Sinne als sichtbares Zeichen seiner Güte und Liebe. Der Schöpfungsglaube beinhaltet darum schon von seiner Grundstruktur her Überzeugungen, die sich auf das Wesen Gottes und genauso auf das Wesen der Menschen beziehen. Grundsätzlich bedarf es daher einer vielschichtigen theologischen und philosophischen Deutung und Untersuchung, die weit mehr als nur naturwissenschaftliche Hintergründe und Zusammenhänge in den Blick nimmt. Dennoch ist es offensichtlich: Wenn das Schöpfungsdogma hinsichtlich seiner empirischen Bedeutung nicht mehr zu Ende gedacht wird, hätte dies gravierende Folgen für das Selbstverständnis nicht nur eines Teilgebiets der Theologie, sondern für den christlichen Glauben an sich. Wolfhart Pannenberg schreibt hierzu:

> „Die Behauptung der Schöpfung der Welt durch den Gott der Bibel wird dann zu einer Leerformel, und der biblische Gott selbst wird zu einem kraftlosen Schemen, wenn er nicht mehr als Urheber und Vollender der Welt so, wie sie unserer Erfahrung gegeben ist, verstanden werden kann."[32]

Genau diese naturwissenschaftlich relevanten Inhalte des Schöpfungsglaubens stehen im Mittelpunkt unserer weiteren Überlegungen. Dabei muss man sich bewusst sein, dass es sich nur um einen schmalen Ausschnitt der Schöpfungslehre handelt. Am Ende sollte es auf diese Weise aber möglich sein, einigen Fragen auf die Spur zu kommen, die von großer Bedeutung sind für das christliche Bekenntnis in der Welt von heute. Kann sich der Glaube an die Erschaffung der Welt im Wettstreit mit naturwissenschaftlichen Erklärungsversuchen bewähren? Lässt sich dieser Wettstreit überhaupt sinnvoll führen oder gar entscheiden?

Dabei geht es auch um die Frage nach dem Stellenwert der naturalistischen Position in der Welt von heute. Ist der Naturalismus tatsächlich berechtigt, das Erbe der wissenschaftlichen Erfolgsgeschichte der vergangenen Jahrhunderte für sich zu reklamieren? Geht es im Naturalismus tatsächlich um nichts anderes als um die reine Wissenschaft und die Liebe zu objektivem Wissen und Erkenntnis? Oder stehen letztlich nicht doch ganz persönliche Überzeugungen von Menschen im Mittelpunkt, so dass es immer auch um philosophische und weltanschauliche Vorentscheidungen und Präferenzen geht?

1. „Im Anfang schuf Gott die Welt“: Der christliche Schöpfungsglaube

Der Glaube, dass Gott die Welt erschaffen hat, ist von Beginn des Christentums an immer wieder aus den unterschiedlichsten Perspektiven theologisch und philosophisch beschrieben und untersucht worden. Dennoch kann man ohne weiteres auf zwei einzelne Sätze verweisen, die man als grundlegende Bekenntnissätze des biblisch-christlichen Schöpfungsglaubens bezeichnen kann. Zum einen auf den ersten Vers des Buches Genesis, den Satz also, mit dem die Heilige Schrift beginnt und der den ersten der beiden biblischen Schöpfungsberichte einleitet: „Im Anfang schuf Gott Himmel und Erde." Zum anderen geht es um die ersten Worte des Apostolischen Glaubensbekenntnisses: „Ich glaube an Gott, (…) den Schöpfer des Himmels und der Erde."

Zumindest auf den ersten Blick scheint es vom Aussagegehalt her keine großen Unterschiede zwischen diesen beiden Sätzen zu geben. Bei genauerem Hinsehen zeigen sich jedoch zumindest unterschiedliche Akzente. So geht es im alttestamentlichen Text aus dem Buch Genesis vor allem um das schöpferische *Tun* und *Handeln* Gottes, während das Glaubensbekenntnis eher das Schöpfer*sein* Gottes im Sinne einer Wesenseigenschaft in den Blick nimmt.

Darüber hinaus unterscheiden sich die beiden Sätze auch inhaltlich, nämlich im Sinngehalt des allerersten hebräischen Wortes der Bibel „*bereschit*" – „im Anfang". Dieser Aspekt ist für den Theismus von entscheidender Bedeutung und markiert einen wesentlichen Unterschied zwischen der jüdisch-christlichen und den meisten griechischen Schöpfungsvorstellungen. Wie sich später zeigen wird, spielt die Diskussion um die Frage nach der Anfanghaftigkeit der Welt keine unbedeutende Rolle im Dialog von Schöpfungsglaube und Naturwissenschaft. Umso erstaunlicher ist es, dass diese Terminierung nicht nur im Apostolischen Glaubensbekenntnis fehlt, sondern auch in keinem anderen kirchlichen Bekenntnis vorkommt. Dennoch steht es außer Frage, dass die Vorstellung der Schöpfung als eines Ereignisses, das zu einem bestimmten Zeitpunkt stattgefunden hat, fester Bestandteil des christlichen Glaubens geworden ist.

Mit Blick auf einige besonders kontrovers diskutierte und populäre naturalistische Modelle der Weltentstehung – etwa von *Stephen Hawking* oder *Alan Guth* – ist die Frage entscheidend, welche Funktion und Bedeutung dem *bereschit* in theologischer Sicht tatsächlich zukommt. Zur Beantwortung dieser Frage soll in den folgenden Kapiteln die „traditionelle theistische Position" genauer definiert werden. Dabei geht es nicht darum, eine in sich ruhende, quasi fertige Schöpfungslehre zu formulieren, die es nicht nötig hätte, immer wieder mit den neuen Einsichten in die Bedingungen und Zusammenhänge der Welt in Verbindung gebracht zu werden. Im Gegenteil muss man den christlichen Standpunkt im Sinne eines grundlegenden metaphysischen Ansatzes verstehen, der die Eckpunkte aufzeigt, innerhalb derer sich eine zeitgemäße Schöpfungslehre bewegen kann. Dieser metaphysische Rahmen muss allerdings so genau wie möglich bestimmt werden, damit sich die späteren Diskussionen über die Theorien und Vorschläge zur Entstehung der Welt nicht in einer Unzahl naturwissenschaftlicher und philosophischer Hypothesen und Details verlieren.

1.1. Creatio ex nihilo

Aus theologischer Sicht besteht die Bedeutung der biblischen Schöpfungsberichte nicht darin, den Prozess der Weltentstehung in seinen einzelnen Schritten zu beschreiben oder nachzuerzählen. Die Darstellungen der Genesis sind keine Reportagen, die mit von Gott geoffenbarter Genauigkeit Aussagen über die empirischen Stadien der Weltentstehung machen. Dieses Verständnis wird auch in kirchenlehramtlichen Texten bekräftigt. So erklärte etwa die Päpstliche Bibelkommission in Rom in einer Stellungnahme zum historischen Charakter der ersten Kapitel der Genesis aus dem Jahre 1909, dass es nicht die Absicht des alttestamentlichen „Autors war, die innerste Beschaffenheit der sichtbaren Dinge und die vollständige Reihenfolge der Schöpfung auf wissenschaftliche Weise zu lehren."[33] Es sei daher falsch, die Schöpfungsberichte der Bibel im Sinne wissenschaftlicher Rede zu interpretieren. Papst Pius XII. schreibt in der Enzyklika *Humani generis* (1950), dass bei der Abfassung der relevanten Abschnitte der Bibel aus volkstümlichen Erzählungen *(narrationes populares)* geschöpft wurde, um in „einfacher und bildhafter Sprache" von den fundamentalen Wahrheiten des Glaubens zu berichten.[34]

Vor diesem Hintergrund erscheint es umso wichtiger, die Frage nach dem metaphysischen Grundverständnis mit einiger Klarheit zu beantworten: Worin besteht der eigentliche Kern der bilderreichen Erzählungen? Welche Bedeutung hat das Handeln Gottes nach theistischem Verständnis für den Anfang der Welt?

Der Meister der scholastischen Theologie, Thomas von Aquin, hat sich in seinen Hauptwerken, der *Summe der Theologie* und der *Summe gegen die Heiden*, intensiv mit den Hintergründen des Schöpfungsglaubens auseinandergesetzt.[35] Die grundlegende These des christlichen Schöpfungsverständnisses hat er so zusammengefasst: „Gott ist der Grund für die Existenz alles Seienden."[36] Gott wäre demnach für schlechthin alles Sein verantwortlich und nicht etwa nur für einige Bestandteile des Universums. Dabei muss natürlich weiter gefragt werden, wie der Begriff „Grund" oder „Ursprung" des Seins näher zu verstehen ist, eher im Sinne eines Ordnens und Zusammenfügens chaotischer Urelemente oder als echte Erschaffung der Materie, des so genannten ersten Stoffes *(materia prima)*? Thomas erläutert das christliche Verständnis in Abgrenzung zur griechischen Philosophie. Platon beispielsweise unterscheidet zwischen der Wesensform *(forma substantialis)* und dem Stoff *(materia)* der Dinge. Er geht davon aus, dass die Materie der Dinge ungeschaffen ist und ewig existiert. Wenn der Weltbildner – den Platon „Demiurg" nennt – die Gestalt eines Dinges herstellt, dann ordnet er im Grunde nur die schon immer existierende Materie in besonderer Weise an. Trotzdem kann man den Demiurgen in gewisser Weise als den Schöpfer der Welt bezeichnen, weil er den Kosmos, wie wir ihn kennen, strukturiert und geschaffen hat.

Anders als Platon geht es Thomas jedoch nicht nur um die Dinge, insofern sie in einem bestimmten, so beschaffenen Modus vorliegen, sondern um die Tatsache ihrer Existenz an sich. Gott erschafft demnach die Welt „nach allem, was in irgendeiner Weise zu ihrem Sein gehört"[37]. Thomas verweist darauf, dass dieses Verständnis auch weit über das Teil-Werden hinausgeht, von dem Aristoteles im ersten Buch seiner *Vorlesung über die Natur* spricht. Aristoteles zufolge entsteht das Werdende durch Umformung, Hinzutun, Fortnehmen, Zusammenfügung oder Veränderung von Eigenschaften. Der christliche Schöpfungsgedanke hingegen meint kein derartiges Teil-Werden, sondern, so Thomas, „den Hervorgang der Dinge aus dem allumfassenden Urgrund des Seins"[38]. Der Schöpfungsakt bezieht sich demnach auf die Existenz von Materie überhaupt, mithin also auch auf die *materia prima*.

Thomas von Aquin schreibt den biblischen Schöpfungsberichten einen Kerngehalt zu, der sich ganz zweifellos auf die Existenz des empirischen Universums bezieht. Unter der Voraussetzung, dass diese Vorgaben der thomistischen Metaphysik auch heute noch die Grundlage einer angemessenen Interpretation des theistischen Schöpfungsverständnisses bilden, werden die Herausforderungen einer zeitgemäßen theologischen Interpretation deutlich. Es geht darum, den religiösen Grundgedanken beizubehalten und gleichzeitig eine Schnittmenge zwischen naturwissenschaftlichen Deutungen der Welt und dem theistischen Ansatz aufzuzeigen. Sind religiöse und wissenschaftliche Vorstellungen miteinander zu vereinbaren? Lässt sich die Überzeugung Thomas von Aquins rational in die Welt von heute übertragen: „*Deus ex nihilo produxit res in esse*" – „Gott hat die Dinge aus dem Nichts ins Sein gebracht"?[39]

Die Überzeugung, dass Gott die Welt aus dem Nichts heraus erschaffen hat, markiert den Schlüssel für die spezifisch theistische Sicht der Realität. So ist etwa auch der christliche Begriff vom Wesen und von der Person Gottes eng mit dem Schöpfungsgedanken verbunden. „Schöpfung" bedeutet aus christlicher Perspektive wesentlich mehr als die bloße Bereitstellung von Materie und Energie. Der amerikanische Religionsphilosoph *Thomas V. Morris* weist darauf hin, dass die christliche Rede von der Erschaffung der Welt immer auch ein Bekenntnis zur vollkommenen Güte und absoluten Freiheit Gottes sowie zur Rationalität seines Handelns umfasst. Die Lehren Thomas von Aquins über das göttliche Schöpfungshandeln werden bei Morris zum Ausgangspunkt einer philosophischen Gotteslehre. Morris geht davon aus, dass den Wesenseigenschaften Gottes wohl kaum etwas so sehr entspricht wie das schöpferische Handeln. Wenn Gott einer Sache, die zunächst nicht existiert, durch sein allmächtiges Tun zum Sein verhilft, so wird letztlich Existenz *geschenkt.*[40] Was also könnte einem Gott der Liebe und Güte besser anstehen als die Erschaffung eines Universums?

Bisher ist noch die Frage offen geblieben, ob der Theismus von der Anfanghaftigkeit der Welt ausgeht, ob also der Begriff der *creatio ex nihilo,* der Schöpfung aus dem Nichts, grundsätzlich einen zeitlichen Beginn der Existenz des Universums beinhaltet oder ob auch alternative Interpretationen möglich sind. Biblischer Bezugspunkt ist, wie bereits erwähnt, der Beginn des ersten Verses der Genesis: „*bereschit*" –

„im Anfang", der zum Ausdruck bringt, dass Gottes Handeln „im Anfang" das Entstehen von etwas bewirkt, das vorher noch nicht war (Gen 2,4b f.). Die Wortbedeutung des hebräischen Begriffs ist allerdings nicht eindeutig und ermöglicht verschiedene Übersetzungen und Deutungen, die von einem temporalen Verständnis im Sinne eines „Anfangs vor der Zeit" bis hin zu einem wesentlich unspezifischeren Hinweis auf „das Oberste" und „Höchste" reichen.

Thomas von Aquin geht in der *Quaestio I, 46, 2* der *Summe der Theologie* intensiv der Frage nach, ob es ein Glaubenssatz ist, dass die Existenz der Welt an einem bestimmten Zeitpunkt begonnen hat – und ob es möglich ist, die Wahrheit dieses Satzes auch in einem streng philosophischen Sinn zu beweisen. Letztlich gelangt er zu der Überzeugung, dass der Glaube an einen Anfang tatsächlich ein unzweifelhafter Bestandteil des christlichen Glaubens ist. Dieser Glaubenssatz sei den Menschen allerdings nur durch göttliche Offenbarung übermittelt und könne allein mit Hilfe der Vernunft nicht streng bewiesen werden.

Im Folgenden werden nun zwei Argumente Thomas von Aquins vorgestellt. Darin weist er die Behauptung zurück, dass man aus dem Glauben an die *creatio ex nihilo* logisch einwandfrei ableiten könne, dass die Welt einen Anfang in der Zeit habe.

(1) Es scheint so, als sei der Begriff der *creatio ex nihilo* in der Weise zu verstehen, dass es zunächst einen Zustand der Nichtexistenz der Welt gegeben habe und dass durch das Handeln Gottes zu einem späteren Zeitpunkt die Welt erschaffen worden sei. Die Welt hätte demnach einen Anfang in der Zeit. Thomas weist dieses Argument zurück. Man könne aus der Annahme, die Welt sei aus dem Nichts geschaffen, nicht notwendig auf einen Anfang der Welt schließen. Dieser Rückschluss wäre nur dann zutreffend, wenn der Glaubenssatz beinhaltet, dass das Universum *nach* dem Nichts geschaf-

fen worden sei. Dies ist aber nicht möglich. Thomas geht davon aus, dass das Phänomen der Zeit überhaupt erst mit der Existenz der Welt begonnen hat. Ohne den Wechsel der materiellen Dinge könne die Zeit weder erfahren noch gemessen werden.

Diese Argumentation Thomas von Aquins ist bemerkenswert, da sie einen ersten Hinweis auf die religionsphilosophische Bedeutung derjenigen Weltentstehungsmodelle gibt, die ohne einen zeitlichen Beginn des Universums auskommen. Mit Verweis auf Thomas lässt sich schon jetzt sagen, dass der klassische Theismus zwar prinzipiell von der Anfanghaftigkeit der Welt ausgeht, dass es sich dabei aber nicht um eine *conditio sine qua non*, also unerlässliche und in jedem Fall notwendige Voraussetzung des Glaubens an einen Schöpfer handelt. Anders ausgedrückt: Der Glaube an die Erschaffung der Welt wäre auch dann denkbar, wenn die Kosmologie davon ausgehen würde, dass man aufgrund der physikalischen Gegebenheiten nicht von einem zeitlichen Beginn der Existenz des Universums sprechen kann.

(2) Thomas weist auch ein zweites Argument zurück, das beweisen soll, dass die Schöpfung notwendigerweise einen Anfang in der Zeit habe. Demnach müsste, wenn die Welt seit Ewigkeit existiert hätte, von der Vergangenheit bis zum heutigen Tag eine unendlich große Zahl von Tagen verstrichen sein. Dies sei jedoch unmöglich, da eine unendliche Menge von Zeiteinheiten niemals durchlaufen werden könne *(infinitus non est transire)*. Es sei daher aus logischen Gründen nicht möglich, dass die Welt seit ewiger Zeit existiere.

Thomas widerlegt dieses Argument mit dem Hinweis, dass die Rede vom „Durchschreiten" oder „Durchlaufen" der Zeit immer nur im Hinblick auf *zwei* benennbare Endpunkte sinnvoll sei. Davon sei in dem Argument aber nicht die Rede. Dort werde lediglich *ein* präziser Zeitpunkt genannt, nämlich die Gegenwart. Mit dem unbestimmten Hinweis „vor unendlich vielen Tagen“ sei hingegen kein klarer Zeitpunkt angegeben. Die Behauptung, dass die Anfanghaftigkeit der Welt wegen des Problems der Annahme einer unendlichen Vergangenheit logisch notwendig sei, hält Thomas daher für nicht stichhaltig.

Dieser Gegeneinwand Thomas von Aquins ist zweifellos schlüssig. Das Problem des Umgangs mit unendlichen Größen ist damit jedoch noch nicht endgültig gelöst. Während unendlich große Werte in der Mathematik ohne grundsätzliche Probleme verwendet werden können, bleibt die Frage berechtigt, ob unendliche Größen auch zur Realität empirischer Phänomene gehören können. Schon Aristoteles hatte argumentiert, dass es keine unbegrenzt großen Körper oder Räume geben könne, weil jede Teilgröße des Unendlichen wieder selbst unendlich groß sein müsste. Da jedoch eine Vielzahl unendlicher Teile, die zusammengenommen wieder ein Unendliches ergeben, nicht existieren kann, könne es grundsätzlich keine realen – und damit vollendeten – Mengen von unendlicher Größe geben. Die wirkliche Bedeutung von Unendlichkeit und Unbegrenztheit sah Aristoteles daher eher in dynamischen Begriffen wie ewiger Hinzufügung oder unendlicher Teilung begründet.

Wie auch immer diese Fragen zu beantworten sind: In der Debatte über das kosmologische Argument ist das Problem realer unendlich großer Mengen von einiger Bedeutung. Je nach Argumentationslage wird es sowohl von Theisten als auch von Naturalisten herangezogen, um die von ihnen favorisierte Lösung zu begründen.

Immer deutlicher ist zu erkennen, dass die verschiedenen Argumente und Standpunkte rund um die Schöpfungshypothese viel komplexer und vielschichtiger sind, als man auf den ersten Blick annehmen könnte. In unserem knappen Rahmen konnten nur einige wenige grundlegende Überlegungen angesprochen werden. Dabei ist zu bedenken, dass ein wichtiger Aspekt des christlichen Verständnisses noch gar nicht erwähnt wurde: Der christliche Theismus sieht im Schöpfer nicht nur den wirkmächtigen Erschaffer des Universums, sondern auch den Urgrund des Kosmos, der für den fortdauernden Erhalt der Welt Sorge trägt. Dies wird zum Ausdruck gebracht in der Rede von der *creatio continua*, die nicht als Alternative, sondern als Ergänzung und Neuakzentuierung des bisher Gesagten zu verstehen ist.

1.2. Creatio continua

„Die Ursache für das Bestehen jeglichen Geschöpfes ist allein die Kraft des Schöpfers, die Wirksamkeit des Allvermögenden und Allbeherrschenden. Würde diese Wirksamkeit auch nur einen einzigen Augenblick aufhören, das von ihr Geschaffene zu regieren, es würde zugleich auch seine Erscheinung schwinden, und die ganze Natur fiele zusammen."[41]

Mit deutlichen Worten beschreibt Augustinus in seinem Kommentar *De Genesi ad litteram* die Notwendigkeit eines fortwährenden Handelns Gottes auch jenseits der ursprünglichen Erschaffung der Welt. Diese Art des Schöpfungshandelns bezeichnet man als *creatio continua* (fortwährende Schöpfung) oder auch als *conservatio* (Bewahrung). Schon im Alten Testament war es ein häufig wiederkehrendes Motiv, dass Gott für die Erhaltung der Geschöpfe und der einzelnen Schöpfungsdinge Sorge trägt. Im Neuen Testament nimmt die Bedeutung des Erhaltungsaspekts noch zu und wird oft in Verbindung mit der Kraft des *Logos* gebracht: Der griechische Begriff des Logos ist äußerst vielschichtig und steckt voller Dynamik und Kraft, aber auch geistiger Weite. Logos kann der Geist Gottes sein, das schöpferische Wort oder – wie im Prolog des Johannesevangeliums – Jesus Christus selbst.

Die Vorstellung eines andauernden göttlichen Wirkens, das schöpferischen und *zugleich* bewahrenden Charakter hat, gehört auch bei den Kirchenvätern und in der scholastischen Theologie zum Kernbestand der Schöpfungslehre. Schon die frühchristlichen Apologeten, die ihre Glaubensüberzeugungen in der heidnischen Gesellschaft der antiken Welt verteidigten, stellten einen Zusammenhang her zwischen der *creatio continua* sowie dem Glauben an die Vorsehung und bleibende Nähe Gottes. Von Beginn der Neuzeit an hatte dieses Verständnis dann einen zunehmend schweren Stand. Wie schon erwähnt, lehnten die Vertreter des englischen Deismus die Vorstellung ab, dass das Handeln Gottes auch nach dem ersten Schöpfungsakt für die Existenz der Welt von Bedeutung sei.

Ungeachtet dieser Anfragen weist Thomas V. Morris – ähnlich wie etwa Wolfhart Pannenberg – darauf hin, dass der *creatio continua*-Gedanke vom theistischen Grundverständnis her auch aus logischen Gründen einleuchtet. Der Theismus geht davon aus, dass Gott in einer direkten und absoluten Beziehung zu allen geschaffenen Dingen steht, dass es also nichts geben kann, was in seiner Existenz nur auf indirekte Weise von Gott abhängig wäre, etwa vermittelt durch andere geschaffene Objekte. Diese Verwiesenheit der Schöpfung auf Gott kommt in der *creatio continua* zum Ausdruck und ist viel grundlegender angelegt als das deistische Verständnis. Die natürliche Religion versteht unter dem Begriff der Erschaffung der Welt lediglich einen einmaligen schöpferischen Akt, von dem an der Kosmos sich selbst überlassen bleibt.

Nur auf den ersten Blick besteht ein Widerspruch zwischen dem Theismusverständnis von Morris und dem scholastischen Ansatz Thomas von Aquins: Zwar betont Thomas, dass es durchaus so etwas wie Mittelursachen gibt, die andere Dinge erschaffen und im Sein erhalten können. Zum Beispiel kann der Mensch mit Hilfe seiner technischen Fähigkeiten bestimmte Dinge oder Maschinen konstruieren, die es ohne sein Tun nicht geben würde. Dennoch steht für Thomas fest, dass auch in einem solchen Fall die grundlegende Materie, der Naturträger, allein dem Schöpfungswerk Gottes zu verdanken ist.

Es ist kein Zufall, dass Thomas diese genauen Unterscheidungen vornimmt. Es geht ihm darum, die Vereinbarkeit von zwei wichtigen Grundsätzen des theistischen Weltbildes aufzuzeigen: Einerseits die grundlegende Abhängigkeit der Welt von ihrem Schöpfergott und andererseits die Anerkennung einer echten naturgesetzlichen Ordnung und der realen Kausalzusammenhänge im Kosmos. Auf diese Weise beschreitet der Theismus einen Mittelweg zwischen den beiden Extrempositionen einer Alleinwirksamkeit Gottes, die ausschließlich auf das Handeln Gottes setzt, und dem Deismus, der Gott mit Ausnahme des Schöpfungsaktes keine Bedeutung für die Realität der Welt zubilligt.

Im theistischen Weltbild ist Gott ohne Zweifel der absolute und bleibende Grund dafür, dass überhaupt etwas existiert. Wenn das Handeln Gottes nur an einigen wenigen Eckpunkten in der Geschichte des Universums von Bedeutung wäre – zum Beispiel bei der Erschaffung der Welt und der Herausbildung der Naturgesetze –, dann wäre die Existenz Gottes für den Menschen lediglich eine abstrakte und ferne Größe. Gott hätte mit dem Leben der Menschen kaum noch etwas zu tun. Diese Vorstellung ist nicht vereinbar mit der Auffassung, dass Gott als Schöpfer und dauernder Urgrund der Welt gleichzeitig auch das Ziel allen Lebens ist. Das Verständnis der Schöpfung als *creatio ex nihilo* und zugleich als *creatio continua* bildet die Grundlage für T. V. Morris' treffende Analyse:

„Der Unterschied zwischen Theismus und Atheismus besteht nicht nur in einer Meinungsverschiedenheit über die Frage, ob ein Wesen, dem man bestimmte Eigenschaften zuschreibt, existiert oder nicht. Vielmehr gibt es unterschiedliche Auffassungen über den Ursprung und die grundlegende Natur *von allem*."[42]

Der Zugang des christlichen Theismus zum Verständnis der Welt ist demnach *prinzipiell* ein anderer als der Ansatz des wissenschaftlichen Naturalismus. Dennoch ist es nicht von der Hand zu weisen, dass sich Naturalismus und Theismus zum Teil mit den gleichen Themen und Fragen beschäftigen – und dies im Zusammenhang mit einem grundlegenden Vertrauen in die Reichweite der wissenschaftlichen Methode. Trotz aller Unterschiede gibt es daher eine verlässliche Basis für eine argumentative Auseinandersetzung, der es nicht nur um die Aufdeckung von Unstimmigkeiten und Differenzen geht, sondern die in vielerlei Hinsicht auch kompatible Positionen thematisieren kann.

2. Das kosmologische Standardmodell der Physik

Die Tatsache, dass es in den vergangenen Jahrhunderten gelingen konnte, den Stand der naturwissenschaftlichen Kenntnisse über die Prinzipien des Universums in immer schnellerem Tempo fortzuentwickeln, ist für sich genommen schon ziemlich bemerkenswert. Für das Verhältnis von Glaube und Naturwissenschaft ist es dann noch einmal mindestens genauso interessant, in welcher Weise die fortwährende Verfeinerung und Präzisierung insbesondere der Physik verlaufen ist und welche Inhalte dabei zu Tage gefördert wurden. Es sind vor allem die großen Theorien aus der ersten Hälfte des 20. Jahrhunderts, mit denen ein geradezu paradigmatischer Wandel im naturwissenschaftlichen Verständnis der Welt verbunden ist: die Spezielle und Allgemeine Relativitätstheorie *Albert Einsteins* (1879–1955) sowie die Quantenmechanik, die vor allem von *Max Planck* (1858–1947), *Niels Bohr* (1885–1962), *Max Born* (1882–1970) und *Werner Heisenberg* (1901–1976) geprägt wurde. Die Einfachheit und Klarheit der klassischen Mechanik ging dabei so sehr verloren, dass das Weltbild der modernen Physik – nach den Worten von Albert Einstein – „mit den Vorstellungen von einst wahrhaftig nicht mehr viel zu tun" hatte.[43]

Für Heisenberg stand es außer Frage, dass die Zielvorgabe der Naturwissenschaften seit dem 18. Jahrhundert darin bestand, die Methode der Newton'schen Physik auf immer weitere Bereiche der Natur anzuwenden. Es ging darum, Zusammenhänge mathematisch zu formulieren und Gesetze zu benennen, die im ganzen Kosmos uneingeschränkt gültig sind. Das gesamte Naturgeschehen wurde als komplexes System kausal-mechanischer Zusammenhänge gedeutet. Die Wissenschaften hatten einen Weg eingeschlagen, der ganz eindeutig in Richtung einer materialistischen Weltanschauung verlief, die sich dann in der Tat allmählich durchsetzte.

Bis in die Zeit nach der Wende vom 19. zum 20. Jahrhundert galt dieses Modell als geglückte Standardinterpretation der Zusammenhänge unseres Universums. Der mechanistische Naturalismus bezog sich nicht nur auf den Fortgang und die Entwicklung des Universums, sondern auch auf die Frage nach der Entstehung der Welt. Es schien offensichtlich, dass die materielle Strukturiertheit des Kosmos nur einen einzigen Schluss zuließ:

> „Die Materie ist da; aus nichts wird nichts; infolgedessen ist die Materie ewig; eine Schöpfung für die Materie können wir nicht annehmen. Eine solche Annahme wäre überhaupt keine Erklärung."[44]

Ähnlich wie der deutsche Zoologe und Darwinist *Ludwig Plate* (1862–1937) stimmten die meisten zeitgenössischen Wissenschaftler in der Auffassung überein, dass das Universum ewig existiert, in sich abgeschlossen, gleichförmig und statisch ist. Vor diesem Hintergrund konnte die empirische Bedeutung der christlichen Schöpfungshypothese im besten Fall als niedrig eingestuft werden. Viel häufiger jedoch wurde der Schöpfungsglaube von vorneherein als überflüssig oder anachronistisch abgetan. Der Glaube an die Existenz Gottes schien sich ausschließlich auf religiöse Erfahrung und das Vertrauen in die Inhalte der biblisch überlieferten Offenbarung stützen zu können. Die traditionellen kosmologischen und teleologischen Argumente jedenfalls spielten keine entscheidende Rolle mehr.

2.1. Grundlagen der modernen Kosmologie

Die Überzeugung Isaac Newtons, dass es einen absoluten, ruhenden Raum und einen nicht beeinflussbaren Verlauf der Zeit gibt, wurde im Jahre 1905 durch die Spezielle Relativitätstheorie Albert Einsteins widerlegt. Zunächst ging es um die zentrale These der klassischen Physik, dass der Raum im Universum ein einziges starres Koordinatensystem bildet. Newton war noch davon ausgegangen, man könne jedem Ereignis einen eindeutigen Platz in diesem System zuweisen. Einstein konnte nun zeigen, dass man nicht nur ein einziges, sondern eine ganze Reihe solcher Bezugssysteme benennen kann. Damit nicht genug. Offensichtlich ist die Geschwindigkeit des Lichtes immer exakt gleich groß – egal, von welchem Bezugssystem aus man sie beobachtet. Dieses Phänomen ist sehr bemerkenswert. Es lässt sich folgendermaßen verdeutlichen: Angenommen, ein Mann steht nachts an einem Bahnsteig und hält einen hellen Scheinwerfer in Längsrichtung der

Bahngleise, so hat das ausgesandte Licht eine bestimmte Geschwindigkeit. Nun fährt ein Zug mit einer Geschwindigkeit von 50 Kilometern pro Stunde an dem Bahnsteig vorbei. In dem Zug steht ein Mann, der mit einer ganz ähnlichen Lampe wie der Mann am Bahnsteig in dieselbe Richtung wie dieser leuchtet. In der klassischen Physik wäre nun zu erwarten, dass die Geschwindigkeit des Lichts von der Lampe im Zug um genau 50 km/h schneller ist als das Licht von der Lampe am Bahnsteig. Das Ergebnis der Messungen ist jedoch eindeutig: In beiden Fällen ist die Lichtgeschwindigkeit exakt gleich groß.

Wie kann es sein, dass die Lichtgeschwindigkeit tatsächlich und immer konstant bleibt? Es war Einsteins entscheidende Leistung, diese beiden Lehrsätze – die Relativität des Raumes und die Konstanz der Lichtgeschwindigkeit – durch die Entwicklung der Speziellen Relativitätstheorie miteinander zu verbinden. Die Ergebnisse seiner Theorie kamen einer Revolution gleich. Es zeigte sich zum Beispiel, dass man nicht mehr allgemeingültig die Reihenfolge zweier Ereignisse bestimmen kann. Je nachdem, von welchem Bezugssystem aus man die Ereignisse beobachtet, erfolgt in bestimmten Fällen entweder das eine oder das andere Ereignis zuerst. Wie sich weiter zeigt, ist nicht nur der Ablauf der Zeit relativ, sondern auch die Ausdehnung des Raumes. Ein Metermaß ist demnach nicht überall gleich lang. Je schneller es bewegt wird, umso kürzer ist es im Verhältnis zu einer gleich langen ruhenden Messlatte.

Die *Spezielle Relativitätstheorie* trägt ihren Namen, weil sie sich lediglich auf spezielle Systeme bezieht, nämlich auf solche, die sich durch gleichförmige und geradlinige Bewegung auszeichnen, sich also mit gleich bleibender Geschwindigkeit auf gerader Linie in eine Richtung bewegen. In diesem Sinn ist die Bedeutung der *Allgemeinen Relativitätstheorie* (1916) noch einschneidender, da sie von der Gleichwertigkeit *aller*

Bezugskörper für die Naturbeschreibung ausgeht. Die Allgemeine Relativitätstheorie verändert die Voraussetzungen für die Entwicklung kosmologischer Modelle von Grund auf. Einstein bezieht sich darin auf zentrale Eigenschaften der Gravitationskraft. Allgemein gesprochen geht es darum, dass die Gravitation Auswirkungen auf die Krümmung der Raum-Zeit hat. Masse und jede andere Form von Energie bewirken, dass die Dimensionen von Raum und Zeit gekrümmt werden. Für Newton hatte festgestanden, dass die Koordinaten von Raum und Zeit klar und präzise bestimmt werden konnten. Einstein zufolge gab es jetzt also nicht nur eine Vielzahl dieser Bezugssysteme, sondern jedes einzelne System wurde durch die Anwesenheit von Materie in seiner Ausrichtung verändert und in sich gekrümmt.

In ähnlicher Weise wie die Entdeckungen Albert Einsteins veränderte auch die etwas später entstandene Quantentheorie das Verständnis der Welt: Max Planck hatte im Jahre 1900 herausgefunden, dass strahlende Atome ihre Energie nicht kontinuierlich abgeben, sondern in einzelnen Paketen, so genannten *Energiequanten*. Strahlung war damit zu einem Phänomen geworden, dem man sich nur noch statistisch annähern konnte. Ein weiteres Problem trat auf, als Albert Einstein die seit *Christiaan Huyghens* (1629–1695) übliche Wellenvorstellung zur Beschreibung des Lichts in Frage stellte und durch den *Welle-Teilchen-Dualismus* ersetzte. Einstein hatte das Verhalten von Licht so interpretiert, dass es aus Energiequanten besteht, die sich wie kleine Teilchen durch den Raum bewegen. Demgegenüber konnte man sich bei einigen anderen Erscheinungen das Verhalten von Licht nur auf der Grundlage der Wellenvorstellung erklären. Es zeichnete sich zum ersten Mal ab, dass man die Zusammenhänge zwischen quantenmechanischen Einzeleffekten *prinzipiell* nicht exakt bestimmen kann.

Noch war die Frage allerdings nicht endgültig geklärt, ob diese unklaren Phänomene auf der Ebene der Elementarteilchen vielleicht doch bestimmten Kausalgesetzen folgen, deren Grundlagen einfach noch nicht erkannt wurden. 25 Jahre nach der Entdeckung der Energiequanten durch Max Planck bewies Max Born, dass die Ursachen dieser Beobachtung im Rahmen der klassischen Mechanik tatsächlich nicht zu erklären sind und dass die Einsichten der Quantentheorie das Ende der präzisen Darstellbarkeit von Phänomenen mit sich bringen.

Max Born und Werner Heisenberg verwiesen auf die fundamentale Neuorientierung, die mit diesen Erkenntnissen verbunden ist. Heisenberg formulierte die Unschärferelation, der zufolge es unmöglich ist, gleichzeitig den Ort und den Impuls eines atomaren oder noch kleineren Teilchens mit exakter Genauigkeit anzugeben. Man kann also *per definitionem* nicht feststellen, wo genau sich ein Teilchen befindet und mit welcher Energie es in eine bestimmte Richtung drängt. Es war offensichtlich, dass damit der Anspruch der Newton'schen Mechanik auf präzise Genauigkeit endgültig verloren ging. Statt mit exakten Kausalzusammenhängen hatte man es jetzt mit Wahrscheinlichkeiten und statistischen Näherungen zu tun.

Heisenberg war sich darüber im Klaren, dass es für die Beschreibung der Phänomene in der Welt dennoch keine andere Möglichkeit gibt als den Rückgriff auf die Sprache der klassischen Physik. Die berühmt gewordene *Kopenhagener Deutung* der Quantentheorie knüpft direkt an diese Einsicht an und gründet sich auf eine scheinbar widersprüchliche Aussage:

„Jedes physikalische Experiment, gleichgültig, ob es sich auf Erscheinungen des täglichen Lebens oder auf Atomphysik bezieht, muss in den Begriffen der klassischen Physik beschrieben werden. Diese Begriffe der klassischen Physik bilden die Sprache, in der wir die Anordnung unserer Versuche angeben und die Ergebnisse festlegen. Wir können sie nicht durch andere ersetzen. Trotzdem ist die Anwendbarkeit dieser Begriffe begrenzt durch die Unschärferelationen. Wir müssen uns dieser begrenzten Anwendbarkeit der klassischen Begriffe bewusst bleiben, während wir sie anwenden, aber wir können und sollten nicht versuchen, sie zu verbessern."[45]

Die Erkenntnisse der Quantenmechanik belegen sehr eindrücklich, dass die Begriffe der klassischen Physik die Realität der Welt nicht exakt abbilden. Als Ergebnis von Beobachtungen erhält man nur noch Wahrscheinlichkeitsfunktionen und keine präzisen Ergebnisse. Statt beispielsweise die Wegstrecke, die ein Teilchen zwischen zwei Punkten zurücklegt, exakt zu beschreiben, lässt die Quantenmechanik es nicht einmal mehr zu, Vermutungen über den Verlauf des Teilchens anzustellen.

Zu den merkwürdigsten Erfahrungen im Zusammenhang mit der Quantentheorie zählt, dass die beobachteten Paradoxa, wie etwa der von Einstein beschriebene Welle-Teilchen-Dualismus, auch durch spätere Forschungen nicht aufgelöst werden konnten. Diese Einsicht erforderte ein neues Verständnis der Physik, die kein sicheres und absolutes Wissen mehr zuzulassen schien. Niels Bohr verdeutlicht diesen Aspekt durch den Begriff der *Komplementarität.* Demnach kann es grundsätzlich nicht gelingen, die physikalischen Zusammenhänge der Quantentheorie mit Hilfe eines einzigen veranschaulichenden Bildes darzustellen. Stattdessen muss man auf verschiedene Vorstellungen zurückgreifen. Zwar sieht es – nach allem, was wir aus unserer Erfahrungswelt und auch der klassischen Mechanik Isaac Newtons kennen – so aus, als würden sich diese Bilder widersprechen, doch sind sie für den Bereich der Quantenmechanik *gleichzeitig* sinnvoll und ergänzen sich komplementär.

Im Laufe der Zeit wurde eine ganze Reihe von Vorschlägen für eine angemessene Interpretation der Quantentheorie formuliert. Die Vielzahl der Deutungen macht klar, wie sehr sich die Rahmenbedingungen des modernen wissenschaftlichen Weltbildes verändert haben. Die Einfachheit und Klarheit der Newton'schen Mechanik ist ein für alle Mal verloren. Theismus und Naturalismus müssen sich auf diese veränderte Situation einlassen, die allerdings gerade auch für die theistische Position große Chancen beinhaltet. Es eröffnet sich die Möglichkeit, den Standpunkt des Glaubens in Beziehung zum veränderten naturwissenschaftlichen Paradigma neu zu bestimmen. Das statische mechanistische Weltbild der Naturwissenschaften und die streng neuscholastisch ausgerichtete Theologie des 19. Jahrhunderts haben – jeweils für sich – grundlegende Neuerungen erfahren. Naturwissenschaft und Theologie von heute sind wesentlich dynamischer als noch vor einhundert Jahren und ermöglichen erstmals seit langer Zeit wieder ein offenes Zugehen und einen fruchtbaren Dialog.

2.2. Das Urknallmodell

Kosmologie ist die Lehre von der Entstehung und Entwicklung des Kosmos und hat daher die wissenschaftliche Erforschung des Universums als Ganzes im Blick. Diesem Ziel kann die Astrophysik heutzutage nur dann gerecht werden, wenn es ihr gelingt, die Spezielle und Allgemeine Relativitätstheorie Albert Einsteins sowie die Quantentheorie mit einzubeziehen. Selbstverständlich gilt das auch für dasjenige kosmologische Modell, das man als das Standardmodell der Kosmologie bezeichnen kann: das *Modell des expandierenden Universums* oder *Urknallmodell.*

Es war Albert Einstein selbst, der im Jahre 1917 den ersten Versuch unternommen hatte, ein kosmologisches Weltbild auf der Grundlage der Allgemeinen Relativitätstheorie zu entwickeln. Dabei gelangte er zu der Überzeugung, dass die Relativitätstheorie nicht ohne weiteres mit dem Modell der Newton'schen Physik zu vereinbaren ist, demzufolge der Kosmos seit Ewigkeit existiert und statisch strukturiert ist. Dennoch war die damalige Erkenntnislage nicht eindeutig; die Beobachtungen der Astronomen und die mathematischen Konsequenzen der Relativitätstheorie ergaben kein einheitliches Bild. Einstein scheute sich daher, das bekannte statische Modell durch eine radikal neuartige Hypothese zu ersetzen. Stattdessen forderte er, man müsse eine bis dahin völlig unbekannte universelle Konstante λ (gesprochen: *Lambda*) in die Kosmologie einführen. Mit Hilfe dieser Konstante wollte er belegen, dass „das Weltkontinuum bezüglich seiner räumlichen Erstreckungen als ein in sich Geschlossenes von endlichem, räumlichem (dreidimensionalem) Volumen aufzufassen ist“[46].

Andere Kosmologen erkannten jedoch in der universellen Konstante λ von Anfang an den Schwachpunkt des Einstein'schen Modells. Schon kurze Zeit später avancierte die Konstante zum Thema einer anhaltenden Diskussion, die sich zwischen Einstein und dem belgischen Kosmologen und Jesuiten Abbé *Georges Lemaître* (1894–1966) entwickelte.

Zeitgleich veröffentlichte der russische Physiker *Alexander Friedmann* (1888–1925) im Jahre 1922 eine grundlegende Arbeit über die verschiedenen kosmologischen Modelle, die im Rahmen der Relativitätstheorie mathematisch möglich sind. Friedmann kam zu dem Ergebnis, dass eine Entscheidung darüber, welche der denkbaren Welten unserem Universum entspricht, zum damaligen Zeitpunkt wegen des „vollständig ungenügenden“ astronomischen Kenntnisstands vorläufig nicht möglich sei. Einsteins kosmologische Größe λ spielte schon bei Friedmanns Überlegungen keine besondere Rolle mehr. Einstein selbst veröffentlichte daraufhin zunächst eine kritische Notiz zu Friedmanns Berechnungen, ließ sich aber im darauffolgenden Jahr, 1923, von deren Richtigkeit überzeugen. Bei der Diskussion der verschiedenen Varianten kam Friedmann 1924 dann zu dem Ergebnis, dass die Version eines statischen Universums ein Spezialfall sei, dessen Realisierung – gerade im Vergleich mit den anderen Möglichkeiten – sehr unwahrscheinlich wäre. In den folgenden Jahren erkannte auch Einstein, dass selbst bei Einbeziehung der Konstante λ lediglich ein instabiles Gleichgewicht zu erzielen sei, das eine große Tendenz zu Expansion oder Kollabierung hätte. Im Jahre 1931 distanzierte er sich endgültig von der kosmologischen Konstante, die er nun als „die größte Eselei" seines Lebens bezeichnete.

Maßgeblichen Einfluss auf die Entwicklung und experimentelle Bestätigung des neuen Weltbildes hatten dann die Entdeckungen des Astronomen *Edwin Hubble* (1889–1953), der schon im Jahre 1924 erstmals Objekte identifizieren konnte, die sich außerhalb unseres galaktischen Systems befinden. Der wichtigste Beitrag Hubbles zur Geschichte der Kosmologie hatte ebenfalls etwas mit den Eigenschaften weit entfernter Galaxien zu tun. Hubble entdeckte, dass die Lichtspektren dieser Galaxien in Richtung Rot verschoben sind, und deutete diese Beobachtung als *Dopplereffekt*. Einen Dopplereffekt kann man bei Objekten beobachten, die bestimmte Wellen aussenden, dabei aber selbst in Bewegung sind. Sehr beliebt hierfür ist das Beispiel eines Krankenwagens, der mit angeschaltetem Martinshorn unterwegs ist. Aus der Perspektive eines ruhenden Beobachters, also zum Beispiel eines Passanten, der am Straßenrand steht, stellt sich die Situation so dar, dass die Schallwellen des Martinshorns in Fahrtrichtung des Wagens zusammengedrückt werden und „hinter" dem Auto auseinanderrücken. Während sich das Warnsignal des Martinshorns für den Fahrer des Krankenwagens immer gleich anhört, vernimmt der Passant am Straßenrand einen sehr unterschiedlichen Klang, je nachdem ob der Krankenwagen auf ihn zufährt oder sich von ihm wegbewegt. Bei der Rotverschiebung, die Edwin Hubble im Spektrum der weit entfernten Galaxien feststellte, handelt es sich natürlich nicht um einen *akustischen*, sondern um einen *optischen* Dopplereffekt. Die Galaxien bewegen sich ganz offensichtlich von der Erde *weg*, das Universum dehnt sich aus!

1929 errechnete Hubble auf Grundlage der damals zugänglichen Daten, dass das Ausmaß der Rotverschiebung bei den beobachteten Galaxien direkt proportional ist zu ihrer Entfernung von der Erde. Weiter entfernte Galaxien bewegen sich also schneller fort als näher gelegene. Das Universum expandiert und die Fluchtgeschwindigkeit ist umso größer, je weiter die Objekte entfernt sind, die von der Erde aus beobachtet werden.

Damit hatte Hubble die Hypothese bestätigt, die Georges Lemaître erst zwei Jahre zuvor, 1927, in einem zunächst nur wenig beachteten Artikel veröffentlicht hatte. Unabhängig von den Arbeiten Friedmanns hatte Lemaître die Feldgleichungen Einsteins gelöst und schloss aufgrund der ersten astronomischen Beobachtungen der Rotverschiebung und der damals verfügbaren Kenntnisse der Quantentheorie, dass das Universum expandieren müsse. Lemaître ging damals noch davon aus, dass der Ausgangspunkt der Expansion das statische zylindrische Modell war, das Einstein vorgeschlagen hatte. Dieser jedoch war mit Lemaîtres These, dass der Einstein'sche Kosmos instabil und in die Dynamik eines expandierenden Universums übergegangen sei, nicht einverstanden. Berühmt geworden sind die Worte, mit denen Einstein auf die Thesen Lemaîtres reagiert haben soll, als die beiden Physiker im Oktober 1927 am Rande des Solvay-Kongresses diskutierend durch den Brüsseler Leopold-Park promenierten: „*Vos calculs sont corrects, mais votre physique est abominable!*“ – „Ihre Berechnungen sind korrekt, aber Ihre Physik ist schauerlich!“[47]

Ungeachtet dieser Kritik erwies sich der Grundgedanke Lemaîtres, dass das Universum expandiert, als richtig. Die Erkenntnis, dass die Bewegung aller beobachteten Sternsysteme, deren Lichtspektrum verschoben ist, von der Milchstraße, also der Galaxie, zu der unser Sonnensystem gehört, wegführt, ist bemerkenswert. Das Phänomen lässt sich damit erklären, dass offensichtlich der sich ausdehnende Raum die verstreuten Galaxien mit sich trägt. Diese „passive Bewegung“ lässt sich anhand des schönen Beispiels von Rosinen verdeutlichen, die sich in einem aufgehenden Hefeteig befinden und sich zunehmend voneinander entfernen. Die Fortbewegung der Sternsysteme ist also nicht auf eine Eigenbewegung der Galaxien zurückzuführen und bedeutet natürlich auch nicht, dass sich die Milchstraße im Zentrum des Universums befindet. Sie ist vielmehr ein Anzeichen dafür, dass die Ausdehnung des Kosmos mit dem Phänomen einer weitgehend gleichmäßigen, also *homogenen* Masseverteilung im Universum einhergeht.

Die entscheidende Frage, die sich 1933 in einer Diskussion zwischen Lemaître und Einstein stellte, war, ob neben dieser gleichmäßigen Masseverteilung noch eine weitere Eigenschaft des Universums hinzukommt, nämlich dass der Kosmos von jedem beliebigen Punkt aus und in alle Richtungen die gleichen Eigenschaften aufweist. Anders formuliert: Ist das Universum nicht nur *homogen,* sondern auch *isotrop* strukturiert? Die Antwort auf diese Frage ist von einigermaßen großer Bedeutung. Es hatte sich nämlich herausgestellt, dass sich das Universum, falls es homogen *und* isotrop ist, aufgrund der Vorgaben der Relativitätstheorie nicht aus einem statischen Universum heraus entwickelt haben könnte. Stattdessen hätte die Expansion des Universums ihren Anfang in einer *Urknallsingularität* gehabt.

Als Singularität bezeichnet man einen Punkt von unendlicher Dichte, Temperatur und Raumkrümmung. Wenn die Welt aus einer solchen Urknallsingularität heraus entstanden wäre, bedeutete dies, dass die Existenz des Universums und die Zeit einen Anfang haben. Auch in anderer Hinsicht erfordert eine Urknallsingularität ein radikales Umdenken. Eine Singularität ist ein Zustand mit so extremen physikalischen Bedingungen, dass es dort zu einem Versagen der Feldgleichungen der Relativitätstheorie kommt. In der Singularität gibt es keine Ordnung und keine Naturgesetze. Demnach wäre es eine notwendige Eigenschaft der Urknalltheorie, dass man über den Augenblick des Urknalls selbst und bezüglich eines möglichen Zustandes vor dem Urknall keinerlei wissenschaftliche Aussagen machen könnte.

Albert Einstein favorisierte daher ein Modell, das ohne die Vorhersage einer Singularität auskommt, und ging von einer nicht-isotropischen Struktur des Universums aus. Hingegen vervollständigte Georges Lemaître seine Hypothese und veröffentlichte sie im Jahre 1933 unter dem Titel *Das Universum dehnt sich aus.* Darin zeigte er, dass eine Anfangssingularität aus mathematischen Gründen auch im Falle eines nicht-isotropischen Universums unvermeidlich wäre, und verband den Gedanken der Expansion des Kosmos mit den neuesten Erkenntnissen der Quantenmechanik. Lemaître ging davon aus, dass es ein so genanntes *„atome primitif"* gegeben haben müsse, aus dem heraus sich die Urknallsingularität ereignet und die Existenz des Universums begonnen habe. Obwohl es noch Jahrzehnte dauern sollte, bis dieser Vorschlag durch zusätzliche und eindeutige empirische Daten bestätigt wurde, gilt Georges Lemaître seitdem als der „Vater des Urknalls".

Das kosmologische Modell Lemaîtres war auch in den Jahren nach seiner Vervollständigung im Jahre 1933 nur sehr vorsichtig angenommen worden. Die These einer Urknallsingularität war für viele Kosmologen Anlass genug, alternativen Modellen der Entstehung der Welt den Vorzug zu geben. So waren es hauptsächlich russische Physiker, die die Möglichkeit eines *oszillierenden Universums* favorisierten, das sich immer wieder ausdehnt und zusammenzieht. Die Namen einiger bedeutender britischer und US-amerikanischer Astronomen wie *Fred Hoyle* (1915–2001), *Herman Bondi* (1919–2005) oder *Thomas Gold* (1920–2004) stehen hingegen für eine Variante des konstanten und statischen Universums, die so genannte „*Steady-State-Theorie*".

Bereits im Jahre 1946 hatte *George Gamov* (1904–1968) die These vertreten, dass man aus der Urknalltheorie die Notwendigkeit einer so genannten Mikrowellenhintergrundstrahlung ableiten könne, die überall im Universum messbar sein müsste. Die Messung einer solchen Strahlung wäre ein entscheidender Hinweis auf die Richtigkeit der Urknalltheorie. Allerdings blieben über lange Jahre hinweg alle Bemühungen in diese Richtung erfolglos. Erst zwanzig Jahre später, im Jahre 1965, wurde Gamovs Postulat durch die Entdeckung der kosmischen Strahlung bestätigt. Auf diese Weise konnte Georges Lemaître, der nur wenige Monate später verstarb, noch miterleben, wie die Urknalltheorie zum allgemein anerkannten Standardmodell der Kosmologie wurde.

2.3. Anerkennung in Theologie und Kirche

Über Jahrhunderte hinweg waren die Differenzen zwischen dem christlichen Schöpfungsglauben und der naturwissenschaftlichen Weltsicht so gravierend, dass es nicht so aussah, als wäre ein Dialog über die Entstehung des Universums überhaupt sinnvoll. Glaube und Naturwissenschaft hatten sich nichts zu sagen, die Theologie hatte kaum eine Möglichkeit, die theistische Motivation für den Schöpfungsglauben angemessen zur Sprache zu bringen. Umso interessanter ist es, in welcher Weise Theologie und Kirche sich zu Wort meldeten, als sich Mitte des 20. Jahrhunderts die neue Ausrichtung der kosmologischen Rahmenbedingungen abzeichnete.

Zunächst sollte jedoch geklärt werden, welche Eigenschaften des Universums im Urknallmodell zur Sprache kommen und wie die frühe Entwicklung des Kosmos ausgesehen haben soll.

Dass sich das Universum ausdehnt, dass es homogen und isotrop gestaltet ist, wurde bereits diskutiert. Aus theistischer Perspektive ist es von Bedeutung, dass das Urknallmodell einen zeitlichen Anfang der Existenz der Welt vorsieht. Zwar ist es unter den gegebenen Voraussetzungen nicht möglich, das Weltalter exakt zu bestimmen, doch lässt sich immerhin abschätzen, dass der Kosmos jünger als 20 Milliarden Jahre ist.

Die Bezeichnung „Urknall“ ist insofern gerechtfertigt, als das Verhalten des Universums in der Nähe des Weltanfangs wie eine Urexplosion vorzustellen ist, bei der sich die Expansion mit unendlicher Dichte und unendlicher Fluchtgeschwindigkeit vollzogen hat. Es ist davon auszugehen, dass die gravitative Anziehung der Materie diese Fluchtgeschwindigkeit schon in den ersten Augenblicken wieder abbremste, so dass sich auch die gewaltige Hitze des frühen Universums schnell reduzierte. In diesem sehr frühen Entwicklungsstadium werden sich sehr bald die verschiedenen elementaren Bausteine der Materie herausgebildet haben. Beginnend mit einem ungeordneten Teilchen-Plasma von extrem hoher Dichte, das schon kurz nach dem Urknall existierte, sollen demnach eine Vielzahl von Elementarteilchen entstanden sein, die die Grundlage für die Entstehung von Atomen und Molekülen bilden, aus denen sich unsere Welt zusammensetzt.

Weiter oben wurde bereits darauf hingewiesen, dass innerhalb der Urknallsingularität nicht nur die Feldgleichungen der Relativitätstheorie ihre Gültigkeit verlieren, sondern überhaupt keine naturgesetzliche Ordnung herrscht. Als Voraussetzung für die Entstehung der Elementarteilchen mussten sich also zunächst die grundlegenden Naturgesetze entwickeln. Basis unseres naturgesetzlichen Systems sind die vier grundlegenden Wechselwirkungskräfte der Physik. Diese sind dafür verantwortlich, dass sich verschiedene Einzelpartikel zu Atomkernen zusammenfinden, Atome zu Molekülen vereinen und auch Anziehungs- und Abstoßungskräfte über größere Entfernungen wirken. Astronomen gehen davon aus, dass sich zu Beginn des Universums so genannte *Symmetriebrechungen* ereignet haben, aus denen dann die Starke und Schwache Wechselwirkung, der Elektromagnetismus und die Gravitationskraft hervorgegangen sind.

Das Urknallmodell ist zuallererst und ausschließlich eine naturwissenschaftliche Hypothese und muss als solche behandelt werden. Es wäre nicht angemessen, den Urknall einfach nur als wissenschaftliches Pendant des Schöpfungsglaubens oder gar als definitive Bestätigung der theistischen Position zu betrachten. Dies ist der Grund, warum Georges Lemaître es als Urheber der Urknalltheorie immer vermieden hat, in eine theologische Debatte über seine kosmologischen Arbeiten hineingezogen zu werden. Lemaître ging davon aus, dass man die These vom *atome primitif* völlig unabhängig von persönlichen weltanschaulichen Überzeugungen vertreten kann:

„Soweit ich es beurteilen kann, verbleibt diese Theorie vollkommen jenseits aller metaphysischen oder religiösen Fragen. Sie lässt dem Materialisten die Freiheit, die Existenz eines jeden transzendenten Wesens zu verneinen. (...) Für den gläubigen Menschen ist sie vereinbar mit dem Wort Jesajas vom ‚verborgenen Gott', verborgen sogar am Beginn der Schöpfung. Damit möchte ich allerdings nicht sagen, dass die Kosmologie keinerlei Bedeutung für die Philosophie hätte."[48]

Für Lemaître stand es außer Frage, dass die Leistungsfähigkeit der Urknalltheorie nur auf dem Feld der Kosmologie und der Astrophysik erwiesen und geprüft werden kann. Wenn man bedenkt, dass die Theorie erst Mitte der sechziger Jahre des vergangenen Jahrhunderts allgemein akzeptiert wurde, mehr als dreißig Jahre nach Lemaîtres ersten Veröffentlichungen zu dem Thema, wird deutlich, wie angebracht seine Zurückhaltung in der Frage der philosophischen und metaphysischen Reichweite war. Noch bis Ende der vierziger Jahre bestand in weiten Kreisen der Verdacht, dass die Urknalltheorie nicht nur aus wissenschaftlichen Motiven, sondern auch wegen ihrer offenkundigen Übereinstimmung mit den Aussagen der christlichen Schöpfungslehre vertreten wurde.

Diesem Eindruck wollte Lemaître immer entgegenwirken, und so ist es auch keineswegs auf seinen Einfluss zurückzuführen, dass Papst Pius XII. die Urknalltheorie schon im November 1951, also 14 Jahre vor der erfolgreichen Messung der kosmischen Hintergrundstrahlung, sehr positiv würdigte. Vor der Päpstlichen Akademie der Wissenschaften ging er auf die gute Vereinbarkeit von Urknallmodell und Schöpfungshypothese ein. Geradezu enthusiastisch schlussfolgerte der Papst in Anlehnung an das kosmologische Argument Thomas von Aquins von der Tatsache eines zeitlichen Beginns des Universums auf die Notwendigkeit eines Schöpfers und damit der Existenz Gottes: „Die Schöpfung in der Zeit, also; darum ein Schöpfer; deshalb Gott!"

Beobachtern zufolge hatte sich Pius XII. in seinen Ausführungen auf Arbeiten des britischen Astronomen *Edmund Whittaker* (1873–1956) bezogen, der im Jahre 1946 bei den renommierten Dubliner *Donnelan lectures* die Bedeutung der verschiedenen kosmologischen Weltmodelle in Bezug auf die Argumente für die Existenz Gottes untersucht hatte. Die Erkenntnis, dass das Universum nicht seit unendlicher Zeit existiert und die Naturgesetze den Verlauf der Dinge nicht seit Ewigkeit bestimmen, hatte Whittaker veranlasst, den Beginn der gegenwärtigen kosmologischen Ordnung als „Schöpfung" zu bezeichnen. Darüber hinaus ist es bemerkenswert, in welcher Deutlichkeit Whittaker die historische Bedeutung der Urknalltheorie hervorhebt. Vielleicht ist es gerade heute wichtig, dass wir uns durch diese Worte in Erinnerung rufen, wie wenig selbstverständlich es ist, dass das Universum einen Anfang in der Zeit hat:

> „Falls diese Theorie in späteren Forschungen bestätigt werden sollte, wird man sie womöglich für *die* überragende Entdeckung unserer Zeit halten. Sie steht nämlich für einen fundamentalen Wandel im wissenschaftlichen Verständnis des Universums, vergleichbar nur mit dem, was vier Jahrhunderte zuvor durch die Arbeiten des Kopernikus hervorgerufen wurde."[49]

Whittaker belässt es nicht bei dieser Feststellung, sondern erläutert, warum die Urknalltheorie das kosmologische Argument der Theologie mit neuem Leben erfüllen könne. Er geht davon aus, dass die neuen Erkenntnisse die Ausgangsposition des theistischen Argumentes im Vergleich zur scholastischen Theologie sogar noch verbessern. Während Thomas von Aquin davon habe ausgehen müssen, dass der Glaube an eine Schöpfung in der Zeit sich ausschließlich auf die Offenbarung berufen kann, habe die Urknalltheorie die Wahrheit dieses grundlegenden Glaubenssatzes allein mit wissenschaftlichen Mitteln belegt. Die moderne Physik trage daher nicht nur zu einem tieferen Verständnis der Natur bei, sondern eröffne auch neue Möglichkeiten der rationalen Begründung des Glaubens an Gott.

Auch im Rückblick ist es zu begrüßen, dass Edmund Whittaker und dann Papst Pius XII. so zeitnah und aufgeschlossen auf die neuesten wissenschaftlichen Entwicklungen der Zeit eingegangen sind. Der Blick ins Detail zeigt allerdings, dass das damalige Vorgehen kein Programm für den zukünftigen Dialog von Theologie und Naturwissenschaft sein kann. Zwar haben die traditionellen theologischen Glaubensargumente auch heute noch ihren Sinn und spielen eine nicht unbedeutende Rolle in der Frage nach der Rationalität des Glaubens. Man kann sie allerdings unter der Maßgabe einer zeitgemäßen Wissenschaftstheorie und neuerer Rationalitätsstandards nicht mehr im Sinne klassischer Beweise interpretieren. Schon gar nicht kann eine solche Methode erfolgreich sein, wenn sie sich auf die Inhalte naturwissenschaftlicher Hypothesen stützt, die für sich gar nicht beanspruchen, wahr oder endgültig zu sein.

Der belgische Physiker *André Deprit* (1926–2006) schreibt es der Initiative Lemaîtres zu, dass sich Pius XII. bereits zehn Monate nach der oben erwähnten Rede erneut zu den Erkenntnissen der Astronomie äußerte und vor der *International Astronomical Union* andere und zurückhaltendere Akzente setzte. Zwar lobte der Papst in höchsten Tönen die „wunderbaren Fortschritte der Astronomie und Astrophysik im Verlauf der vergangenen fünfzig Jahre", die erstmalig die Formulierung eines umfassenden kosmologischen Modells ermöglicht hätten, doch nahm er keinen direkten Bezug zur Urknalltheorie. In eher poetischen Worten äußerte er sich über die Möglichkeit des Menschen, die kosmologischen Zusammenhänge der Welt zu erkennen und durch die Erfahrung der Schönheit der Schöpfung das Wirken Gottes zu erspüren:

„[Der menschliche Geist] begibt sich auf die Spur der sich ins All flüchtenden Galaxien und schreitet damit in umgekehrter Reihenfolge den Weg entlang, den sie in Milliarden von Jahren in vergangener Zeit eingeschlagen haben, und er wird so Zeuge der kosmischen Prozesse, die sich am ersten Morgen der Schöpfung abgespielt haben."[50]

Im abschließenden Teil seiner Ansprache bekräftigt Pius XII. dann die theistische Auffassung vom Wirken Gottes. Dem christlichen Verständnis zufolge kann die Bedeutung Gottes für die Welt nicht darauf reduziert werden, einen metaphysischen Überbau zu liefern, der keinerlei Bedeutung für die Entstehung und den Verlauf des Universums hat. Im Gegenteil sei Gott gegenwärtig in der Welt,

„als Schöpfer, Bewahrer und allmächtig Ordnender, an den die Welt durch eine grundlegende Abhängigkeit bis in die Intimität seines Wesens und Handelns gebunden ist."[51]

Nichts anderes wird ausgesagt durch die klassischen Begriffe der *creatio ex nihilo* und *creatio continua*.

2.4. Das atheistische Argument

Von den Neuerungen der Physik des 20. Jahrhunderts sind entscheidende Impulse für das Verhältnis von Theologie und Naturwissenschaften ausgegangen. Zweifellos jedoch war die Theologie der fünfziger Jahre gut damit beraten, sich nicht voreilig festzulegen und das bis dahin nur unzureichend bestätigte Urknallmodell allzu sehr zu favorisieren. Die damaligen Diskussionen sind in verschiedener Hinsicht lehrreich und machen deutlich, wie notwendig und befreiend die theologische Rezeption naturwissenschaftlicher Erkenntnisse ist. Gleichzeitig zeigt sich aber auch, wie wichtig es ist, sich der Ziele und Grenzen der eigenen Methoden und auch des erkenntnistheoretischen Anspruchs moderner naturwissenschaftlicher Theorien bewusst zu sein.

Die wissenschaftliche Diskussion des Urknallmodells hat sich seit der Entdeckung der kosmischen Hintergrundstrahlung im Jahre 1965 deutlich verändert. Lange Zeit nur ein Vorschlag unter mehreren, hat es sich jetzt zum Standardmodell der Kosmologie entwickelt. Dass diese Entwicklung von theologischer und kirchlicher Seite überwiegend positiv kommentiert wurde, ist nicht weiter verwunderlich. Nicht alle Beobachter registrierten jedoch mit Freude, dass Theologie und Naturwissenschaft mit neuer Offenheit ins Gespräch zurückfanden. Der wichtigste neuere religionskritische Beitrag zur theologischen Deutung des Urknallmodells stammt von dem amerikanischen Philosophen *Quentin Smith*.[52] Dieser ist davon überzeugt, dass die Urknalltheorie und der Theismus nicht miteinander harmonieren, sondern im Gegenteil unvereinbar sind. Grundlage seines Argumentes ist die Behauptung, dass die physikalische Natur von Singularitäten nicht geeignet sei, als Anknüpfungspunkt für religiöse Schöpfungsvorstellungen zu dienen.

Zunächst definiert Smith zwei theologische Vorbedingungen:

(1) Falls Gott existiert und das Universum einen Anfang *E* hat, dann hat Gott *E* erschaffen.
(2) Wenn Gott *E* erschaffen hat, dann muss *E* Leben enthalten oder mit Notwendigkeit zu einem späteren Zustand des Universums führen, in dem Leben existiert.

Die Vorbedingung (2) ergänzt Smith durch zwei weitere theologische Aussagen:

(3) Gott ist allwissend, allmächtig und vollkommen gut.

(4) Ein Universum, das Leben enthält, ist besser als ein unbelebtes Universum.

Die nächsten Aussagen beziehen sich nun auf einige Eigenschaften und Bedingungen des Urknallmodells:

(5) Es gibt einen frühesten Zustand des Universums: die Urknallsingularität.
(6) Der früheste Zustand des Universums enthält kein Leben: Singularitäten sind geprägt von lebensfeindlichen Bedingungen wie unendliche Temperatur und Dichte.
(7) In der Singularität gibt es keine gesetzmäßige Ordnung, so dass Vorhersagen prinzipiell nicht möglich sind.

Unter der Voraussetzung, dass das Universum aus einer Urknallsingularität entstanden ist, kann man demnach formulieren:

(8) Die naturgesetzlichen Bedingungen des frühesten Zustands des Universums sind so beschaffen, dass es keine Garantie dafür geben kann, dass sich zu einem späteren Zeitpunkt Leben im Universum entwickelt.

Smith geht davon aus, dass aus den Sätzen (2), (6) und (8) zweifelsfrei hervorgeht, dass Gott unmöglich der Schöpfer der Urknallsingularität sein kann. Die physikalische Struktur einer Singularität sei mit dem Wesen und dem schöpferischen Willen eines lebensfreundlichen Gottes nicht zu vereinbaren. Smith geht sogar so weit, den Umkehrschluss des Argumentes zu formulieren: Unter der Bedingung, dass die Welt aus einer Urknallsingularität heraus entstanden ist (5), ließe sich schlussfolgern, dass ein Gott, dem die Eigenschaften (3) zugeschrieben werden, nicht existiert.

So weit das eigentliche Argument von Quentin Smith, das im Folgenden anhand von zwei Einwänden ausführlicher diskutiert werden soll. Es geht um die Frage, ob sich das Urknallmodell und der theistische Glaube an einen Schöpfergott in logischer Hinsicht ausschließen oder nicht.

(a) Auch wenn es grundsätzlich nicht selbstverständlich ist, dass aus einer Urknallsingularität heraus ein Universum hervorgeht, dass die Entwicklung von Leben ermöglicht, könnte Gott die Welt mit Hilfe einer solchen Singularität erschaffen haben. Gott hätte zweifellos die Möglichkeit, gezielt in die Entwicklung des Universums einzugreifen, um sicherzustellen, dass sich ab einem bestimmten Zeitpunkt Leben entwickelt. Gott könnte der Schöpfer der Welt sein – auch dann, wenn deren Existenz mit einer Urknallsingularität beginnt.

Diesem Einwand setzt Smith die Behauptung entgegen, dass ein solches Handeln nicht mit dem Bild eines rational und effizient handelnden Schöpfers in Einklang zu bringen sei. Ein Gott, der ein Universum erschaffen hätte, in dessen Verlauf er immer wieder eingreifen muss, wäre „ein inkompetenter Gott".

Bei genauerem Hinsehen zeigt sich, dass der Gegeneinwand von Smith in mehrfacher Hinsicht unzureichend ist:

Zunächst ist festzuhalten, dass die Erschaffung der Welt auf der Grundlage einer Urknallsingularität nur dann ein Zeichen von „Inkompetenz" oder „Ineffizienz" sein könnte, wenn in der Tat einfachere Alternativen zur Verfügung stünden. Smith nimmt an, dass es „zahllose logisch mögliche Anfangszustände des Universums gibt, die im Rahmen natürlicher und gesetzeskonformer Entwicklung in ein belebtes Universum münden". Die Richtigkeit dieser Behauptung steht jedoch keinesfalls fest. Im Gegenteil weist vieles, was wir über die Welt wissen, darauf hin, dass die Gesetze und Konstanten der Natur exakt aufeinander abgestimmt sein müssen, damit ein Universum entstehen kann, in dem Bedingungen herrschen, die die Entwicklung von Leben ermöglichen. Bereits geringste Veränderungen an diesem fein austarierten Gesamtsystem würden massive Folgen nach sich ziehen. Wie ein Ausgangszustand aussehen könnte, der ähnlich einfach wäre wie eine Singularität und der gleichzeitig mit naturgesetzlicher Sicherheit ein belebtes Universum garantieren würde, müsste Smith daher erst einmal erläutern.

Auch in anderer Hinsicht erweist sich Smiths Argument als fragwürdig. Thomas V. Morris weist nach, dass Smiths Vorwurf nicht zutrifft, dass ein Schöpfer, der immer wieder in den Verlauf der erschaffenen Welt eingreife, irrational sei oder ineffizient handele: Morris weist in diesem Zusammenhang auf zwei Aspekte hin. Zum einen bezieht sich der Begriff der Effizienz immer auf ein oder mehrere Ziele, die eine handelnde Person verfolgt. Um bewerten zu können, ob eine Person effizient handelt oder nicht, sei es daher von vorneherein notwendig, alle Ziele und Werte zu kennen, die angestrebt werden. Da ein menschlicher Beobachter wohl kaum eine genaue Kenntnis vom Willen Gottes haben kann, lässt sich daher der Vorwurf der Ineffizienz nicht aufrechterhalten.

Darüber hinaus gibt Morris zu bedenken, dass die Rede vom effizienten Handeln mit Blick auf das Wesen Gottes völlig unangemessen ist. Es ist nicht einzusehen, warum für einen allmächtigen und überzeitlich existierenden Gott die Eigenschaft, effizient zu handeln, wünschenswert sein sollte. Es gibt keinen Grund dafür, dass ein allmächtiger, ewiger und vollkommen guter Gott bestrebt sein sollte, seiner Schöpfung – die nach traditioneller Überzeugung der Ausfluss seiner überströmenden Liebe ist – mit größtmöglicher Effizienz zu begegnen.

(b) Der zweite Einwand gegen Smiths atheistisches Argument bezieht sich auf die göttliche Wesenseigenschaft der Allwissenheit. Ein allwissender Gott könnte die Entwicklung der

Welt voraussehen, auch wenn diese mit einer Singularität beginnt und es in Singularitäten keine gesetzliche Ordnung gibt, aus der sich Vorhersagen über den weiteren Verlauf der Geschichte ableiten lassen.

Smith hingegen behauptet, dass es auch einem allwissenden Gott nicht möglich wäre, die Folgeereignisse einer Singularität vorherzusehen. Zu Recht weist er darauf hin, dass die Unvorhersagbarkeit, von der hier die Rede ist, *grundsätzlicher* Natur ist, dass also selbst eine allwissende Person nicht vorhersagen könne, was sich aus der Singularität heraus entwickelt oder nicht.

Es zeigt sich jedoch, dass auch dieser Gegeneinwand von Smith nicht stichhaltig ist. Smith definiert die Wesenseigenschaften Gottes auf ganz eigenartige, weltbezogene Weise und wird dabei dem theistischen Gottesverständnis nicht einmal im Ansatz gerecht. Es ist ein fester Bestandteil der biblischen Tradition, dass Gott von Ewigkeit her ein unfehlbares Wissen aller einzelnen Dinge hat, die sein oder nicht sein können. Schon Thomas von Aquin weist darauf hin, dass die Rede vom Wissen Gottes etwas anderes meint als das, was wir vom menschlichen Wissen her kennen. Die einzige Möglichkeit, über die der Mensch verfügt, um zukünftige Ereignisse vorherzusagen, ist das schlussfolgernde Denken. Menschen versuchen, auf der Basis möglichst großer Mengen von Daten und Fakten bestimmte Vorhersagen über zukünftige Veränderungen und Entwicklungen zu machen. Unter dem Begriff der Allwissenheit Gottes versteht man etwas anderes. Gott verfügt nicht einfach über ein maximal optimiertes menschliches Wissen. Stattdessen glaubt Thomas, dass Gott aus seiner überzeitlichen Existenz heraus alle Ereignisse und Zusammenhänge der Geschichte des Universums zugleich erkennt. Er wäre also vollkommen unabhängig von den Dimensionen von Raum und Zeit.

Alles in allem kann das atheistische Argument von Quentin Smith also nicht überzeugen. Das kosmologische Modell der Urknallsingularität und der Glaube an einen Schöpfergott schließen einander nicht aus. Die Argumente von Smith laufen ins Leere, weil er das Wesen Gottes aus einer rein menschlichen Perspektive heraus deutet. Noch nicht geklärt ist damit allerdings die Frage, wie denn nun im positiven Sinne das Verhältnis von Kosmologie und Schöpfungsglaube beschaffen ist.

2.5. Konsonanz von Urknalltheorie und Schöpfungsglaube

Der Begriff der *Konsonanz* (von lat. *consonare*, zusammenklingen) stammt ursprünglich aus der Musik. Die Brockhaus-Enzyklopädie versteht unter Konsonanz einen Klang aus zwei oder mehreren Tönen „mit Ruhe- und Entspannungscharakter". Auch wenn man der Rede von Urknall und Schöpfung auf den ersten Blick nur wenig Entspannungscharakter attestieren möchte, ist es sinnvoll, in der Religionsphilosophie von konsonanten Zusammenhängen zu sprechen. Wolfhart Pannenberg bezeichnet mit diesem Begriff die ideale Zuordnung der naturwissenschaftlichen und theologischen Zugänge zum Verständnis der Welt.

In der Tat beinhaltet der Begriff der Konsonanz gleich mehrere Ansatzpunkte, die aus theistischer Sicht feste Bestandteile in der Beziehung von Glaubensüberzeugungen und naturwissenschaftlichem Weltverständnis sein sollten.

Zunächst einmal bezieht sich das Ideal der Konsonanz auf zwei selbstständige und logisch gleichberechtigte Zugänge zum Verständnis der Welt. Weder sind die Naturwissenschaften von der Theologie abhängig und ihr nachgeordnet noch wäre es umgekehrt sinnvoll, wenn sich Theologen hinter den Naturwissenschaften einreihen würden und aus jedem neuen wissenschaftlichen Trend ein verändertes Gottes- oder Menschenbild ableiteten. Die Diskussion des atheistischen Argumentes von Quentin Smith hat gezeigt, dass Urknalltheorie und Schöpfungsglaube frei von logischen Gegensätzen und Widersprüchen sind. Damit ist eine entscheidende Voraussetzung für ein konsonantes Verhältnis erfüllt. Konsonanz erfordert aber noch mehr. Widerspruchsfreiheit allein könnte sich auch auf das Verhältnis völlig zusammenhangloser Hypothesen beziehen, Konsonanz hingegen schließt mit ein, dass die Thesen positiv miteinander in Bezug gesetzt werden können und miteinander harmonieren.

Ein Blick in die Entstehungsgeschichte des Urknallmodells zeigt, dass die Vereinbarkeit mit dem Schöpfungsglauben ganz offenkundig ist und in Fachkreisen sogar Auswirkungen auf die Akzeptanz der Theorie hatte. Wie schon erwähnt, hatten viele Kosmologen in der Frühzeit der Theorie den Verdacht, es handele sich um ein Modell, das zu einem großen Teil weltanschaulich – nämlich theistisch – motiviert sei. Die Übereinstimmung des heutigen Standardmodells der Kosmologie mit der christlichen Schöpfungslehre schien den Wissenschaftlern allzu deutlich zu sein. Die Hypothese, dass die Welt aus einer Urknallsingularität hervorgegangen ist, in der die Feldgleichungen der Relativitätstheorie nicht mehr gelten und eine für die menschliche Erkenntnis nicht überschreitbare Grenze erreicht wird, lässt allen Freiraum für die theistische Überzeugung, dass Gott die Welt aus dem Nichts heraus erschaffen hat. Die theistische Überzeugung der Erschaffung der Welt durch das Handeln Gottes und die physikalische Erkenntnis, dass die jetzige Gestalt des Universums auf einen singulären Beginn des Kosmos schließen lässt, sind daher nicht nur logisch widerspruchsfrei, sondern in besonderer Weise konsonant.

Auf der anderen Seite beinhaltet der Begriff der Konsonanz auch den Aspekt der Eigenständigkeit und logischen Unabhängigkeit der jeweiligen Vergleichssysteme. Wenn zwei Behauptungen konsonant zueinander sind, dann wird damit also *nicht* ausgesagt, dass es möglich wäre, einen direkten logischen Zusammenhang zwischen den Behauptungen zu konstruieren. Man kann von einer der beiden Theorien nicht mit Notwendigkeit auf die jeweils andere Theorie rückschließen. Weder ist der Schöpfungsglaube nur dann rational, wenn die Welt durch einen Urknall entstanden ist, noch lässt sich umgekehrt aus der Urknalltheorie zwingend auf einen Schöpfungsakt oder gar die Existenz eines Schöpfergottes schließen.

Ganz in diesem Sinne hat die in Rom tagende *Internationale Theologenkommission* im Jahre 2004 das Verhältnis des christlichen Menschenbilds zu den Erkenntnissen der Urknall- und der Evolutionstheorie gedeutet. Die Mitglieder der Kommission betonen, dass zwischen der Urknalltheorie und der Schöpfungslehre kein Widerspruch bestehe. Darüber hinaus harmoniere das Urknallmodell in so hohem Maße mit der christlichen Überzeugung, dass man es als indirekten Hinweis auf die Richtigkeit der *creatio ex nihilo*-Lehre deuten könne. Allerdings, so fügt die Kommission ergänzend an, entscheide trotz der offenkundigen Vereinbarkeit der wissenschaftlichen Theorie und der religiösen Überzeugung letztlich allein der Glaube über die Annahme der *creatio ex nihilo.*

Wie weiter oben schon erwähnt, tut die Theologie gut daran, die Rationalitätsstandards der modernen Naturwissenschaften in ihre Überlegungen mit einzubeziehen. In der Frage, ob christliche Glaubensüberzeugungen im Hinblick auf die naturwissenschaftlichen Kenntnisse der Welt vernünftig und plausibel sind, können daher auch die Kriterien des kritischen Rationalismus Anwendung finden. Demnach ist es vernünftig, bestimmte Glaubensaussagen für wahr zu halten, wenn sie (1) sich widerspruchsfrei in den theologischen Zusammenhang des Glaubens einordnen lassen, (2) funktional sinnvolle Aussagen über die Welt machen und (3) zu vereinbaren sind mit dem, was wir durch unsere Erfahrungen und die Einsichten der Naturwissenschaften von der Welt wissen.

Wie bereits diskutiert, sind Urknallmodell und Schöpfungsglaube konsonant zueinander. Dass die Schöpfungshypothese funktional sinnvolle Aussagen über die Welt beinhaltet, ist offensichtlich. Sie gibt Antwort auf die Frage Leibniz', warum überhaupt etwas existiert und nicht nichts. Man kann daher mit Berechtigung schlussfolgern, dass der Schöpfungsglaube als vernünftig und plausibel gelten kann, insofern die Urknalltheorie den aktuellen Kenntnisstand der Kosmologie widerspiegelt.

Selbstverständlich bleibt dabei zu bedenken, dass auch die Urknalltheorie immer wieder auf der Grundlage neuer Erkenntnisse verändert oder erweitert werden muss – und möglicherweise eines Tages durch ein ganz anderes Modell ersetzt wird. Darüber hinaus sind auch heute schon eine ganze Reihe alternativer kosmologischer Hypothesen im Gespräch, die auf einen grundlegenden Neuansatz abzielen. Einige dieser Theorien haben eine eindeutig naturalistische Zielsetzung und erweisen sich als echte Herausforderung für die Theologie. Es stellt sich die Frage, ob die „Hypothese Gott" auch angesichts dieser Modelle und Vorschläge erfolgreich bleibt.

3. Das kosmologische Argument und der Naturalismus

Die Frage nach der Beweisbarkeit der Existenz Gottes hat die Menschen zu allen Zeiten und Epochen herausgefordert und motiviert. In der christlichen Theologie haben die Gottesbeweise vom Mittelalter an große Bedeutung erhalten. Im Rahmen des damaligen Rationalitätsverständnisses war es wichtig, dass man die Existenz Gottes mit absoluter Gewissheit beweisen konnte. Berühmt geworden sind die *Fünf Wege* Thomas von Aquins und der so genannte *ontologische Gottesbeweis* von Anselm von Canterbury. Heutzutage lässt sich der Anspruch, die Existenz Gottes zweifelsfrei beweisen zu können, allerdings nicht mehr aufrechterhalten. Aus den *Gottesbeweisen* sind *Argumente* für die Existenz Gottes geworden.

Tatsächlich ist es aber auch heute für Theologie und Philosophie von Bedeutung, auf derartige Instrumente der Logik zurückzugreifen. Nur so ist es möglich, den Glauben an einen Schöpfer der Welt mit rational nachvollziehbaren Argumenten zu unterstreichen.

Im Folgenden soll es nicht darum gehen, diese Argumente in aller Ausführlichkeit darzustellen.[53] Stattdessen geht es in erster Linie um die Diskussion verschiedener naturalistischer Modelle der Entstehung der Welt. Es bietet sich jedoch an, die verschiedenen Theorien und Vorschläge unter systematischen Gesichtspunkten zu ordnen. Je nach ihrer inhaltlichen Ausrichtung und Zielsetzung ist es sinnvoll, sie entweder im Kontext des kosmologischen oder des teleologischen Argumentes zu diskutieren.

3.1. Das kosmologische *kālam*-Argument

Die bekannteste Version des kosmologischen Argumentes geht auf Thomas von Aquin zurück. Darüber hinaus hat der Grundgedanke dieses Argumentes seinen Niederschlag auch in der neuzeitlichen Religionsphilosophie, etwa bei *Baruch de Spinoza* (1632–1677) oder bei Leibniz, gefunden. Deren Argumente sind auch in der aktuellen Diskussion zwischen Theisten und Naturalisten noch von Bedeutung.

An dieser Stelle soll jedoch vornehmlich der amerikanische Religionsphilosoph *William Lane Craig*, ein Schüler Wolfhart Pannenbergs, zu Wort kommen.[54] Craig zählt zu den bekanntesten Vertretern des so genannten *kosmologischen kālam-Argumentes*, das von einem zeitlichen Beginn der Existenz des Universums ausgeht. Da die Urknalltheorie als derzeitiges kosmologisches Standardmodell davon ausgeht, dass das Universum als Ganzes tatsächlich vor einer begrenzten Zeit aus einer Urknallsingularität hervorgegangen ist, erweist sich die Verwendung des *kālam-Argumentes* als sinnvoll.

Mit der Bezeichnung kālam (arabisch für *Sprache*) bringt Craig seinen Respekt gegenüber der frühen arabisch-islamischen Theologie (,ilm al-kālam) und Philosophie zum Ausdruck. Die kālam-Theologen haben das Argumentationsmuster des noch heute aktuellen kosmologischen Argumentes mitentwickelt und ihm zu einer ersten Blütezeit verholfen. Craig formuliert das kosmologische Argument in drei einfachen Schritten:

(1) Alle Dinge, deren Existenz einen Anfang hat, haben eine Ursache.
(2) Die Existenz des Universums hat einen Anfang.
(3) Daher muss auch das Universum eine Ursache haben.

Natürlich belässt es Craig nicht dabei, das kālam-Argument zu benennen, sondern unterzieht es einer exakten logischen Untersuchung. Hier mag es nun genügen, die Frage nach den Schlussfolgerungen zu stellen, die sich für den Fall ergeben, dass Craigs Voraussetzungen (1) und (2) als gültig akzeptiert werden. Wenn es richtig ist, dass alle Dinge, deren Existenz einen Anfang hat, eine Ursache haben müssen, und wenn andererseits angenommen wird, dass auch das Universum einen Anfang hat, dann folgt daraus mit logischer Notwendigkeit, dass es auch eine Ursache für die Existenz des Universums geben muss.

Wie könnte diese Ursache beschaffen sein? Ist es denkbar, dass es sich dabei tatsächlich um den Schöpfergott handelt, auf dessen Existenz Theisten vertrauen? Craig benennt eine Reihe von Eigenschaften, die der Natur dieser Ursache notwendigerweise zugeschrieben werden könnten. Die Ursache des Universums müsste demnach selbst unverursacht sein und ihre Existenz dürfte keinen Anfang in der Zeit haben. Die Ursache müsste grundlegend verschieden von den beschränkten Eigenschaften des Universums und daher immateriell und unveränderlich sein, den Dimensionen von Zeit und Raum enthoben. Zweifellos müsste die Ursache des Universums auch über extreme Macht verfügen, die die Befähigung zur Erschaffung der Welt mit einschließt. Entscheidend aber ist Craigs Hypothese, dass die Ursache des Universums personal sein müsse.

Craig ist davon überzeugt, dass die Entstehung des Universums aus dem Nichts heraus *(ex nihilo)* im Rahmen naturwissenschaftlicher Überlegungen grundsätzlich nicht geklärt werden kann. Die Frage, *wie* das Universum entstanden ist, mögen die Naturwissenschaften beantworten. Die Frage nach dem *Warum* der Existenz des Kosmos jedoch könne einzig durch philosophisches und theologisches Denken in den Blick kommen.

Naturalisten sehen das anders. Sie glauben, dass die Naturwissenschaften die Frage nach dem Wie der Entstehung des Kosmos auf solche Art beantworten, dass eine Warum-Frage gar nicht mehr gestellt werden muss.

Die Diskussion der naturalistischen Modelle ist daher von einiger Brisanz. Können die Naturwissenschaften alle Fragen, die sich sinnvoll stellen lassen, beantworten? Oder ist es notwendig, auch die Methoden, Fragen und Erklärungsversuche von Theologie und Philosophie zu berücksichtigen, wenn es darum geht, die Welt auf angemessene und gute Weise zu deuten? Können die Behauptungen Craigs überzeugen, dass es – unter der Maßgabe, dass das Universum einen Anfang in der Zeit hat – einen personalen Schöpfer geben muss, oder sollte man hier einen anderen Weg einschlagen?

3.2. Stephen Hawking: Das Modell der Quantengravitation

Der britische Physiker und Mathematiker *Stephen W. Hawking* hat im Jahre 1988 ein populärwissenschaftliches Werk mit dem Titel *Eine kurze Geschichte der Zeit* veröffentlicht. Darin entwickelt er die Eckdaten für eine Theorie der Quantengravitation, einer Verbindung von Quantenmechanik und Allgemeiner Relativitätstheorie. Er präsentiert keine mathematisch ausgearbeitete Theorie, sondern kombiniert die Ergebnisse eigener Beiträge zur Urknalltheorie mit einer Reihe von grundsätzlichen Überlegungen über mögliche Inhalte einer zukünftigen Quantengravitationstheorie. Hawking ist davon überzeugt, dass die Quantengravitation ein Modell für die Entstehung des Universums beinhaltet, das wesentlich vom Standardmodell der Kosmologie abweicht. Für den Fall, dass sich sein Vorschlag mathematisch umsetzen und empirisch bewähren würde, müsste also das Urknallmodell abgelöst und durch eine völlig neue Theorie der Entstehung der Welt ersetzt werden.

Hawking, der einer der Nachfolger Isaac Newtons an der Universität von Cambridge ist, versteht sein kosmologisches Modell bewusst auch als Beitrag zur philosophischen Diskussion über das Verhältnis von Schöpfungsglaube und naturalistischer Welterklärung. In der von Carl Sagan verfassten Einleitung zur ersten Ausgabe der *Kurzen Geschichte der Zeit* heißt es:

„Eine kurze Geschichte der Zeit ist ein Buch über Gott ... (...) Hawking versucht, wie er ausdrücklich feststellt, ‚Gottes Plan' zu verstehen. Umso überraschender ist das – zumindest vorläufige – Ergebnis dieses Versuchs: ein Universum, das keine Grenzen im Raum hat, weder einen Anfang noch ein Ende der Zeit und nichts, was einem Schöpfer zu tun bliebe."[55]

Auf diese Weise präsentiert Hawking eine bemerkenswerte Mischung aus populärwissenschaftlicher Darstellung und religionsphilosophischen Kommentierungen. *Die kurze Geschichte der Zeit* erstürmte sehr schnell die Bestsellerlisten, erscheint auch zwanzig Jahre nach der Erstveröffentlichung in immer neuen Variationen und hat bis heute kaum an Popularität verloren. Vor dem Hintergrund dieser außergewöhnlichen öffentlichen Präsenz gewinnt auch die Frage nach den Inhalten an Bedeutung.

Stephen Hawkings Modell der Weltentstehung steht in engem Zusammenhang mit seinen langjährigen Arbeiten zur Theorie der so genannten *Schwarzen Löcher.* Gemeinsam mit dem englischen Mathematiker *Roger Penrose* hatte er zwischen 1965 und 1970 die Singularitätstheoreme entwickelt, eine Theorie über das Wesen und Vorkommen von Singularitäten. Dabei ist es ihnen gelungen, die Existenz von Singularitäten für zwei Situationen vorauszusagen: als Folge eines Gravitationskollapses von Sternen und als Urknallsingularität am Beginn der von Lemaître beschriebenen Expansion des Universums. Hawking und Penrose konnten beweisen, dass aus der Allgemeinen Relativitätstheorie mit Notwendigkeit folgt, dass die Expansion des Universums mit einer Urknallsingularität begonnen hat. Unter der Voraussetzung, dass einige physikalische Vorbedingungen erfüllt sind – wie zum Beispiel, dass die Einstein'schen Feldgleichungen gelten und das Universum räumlich geschlossen ist –, hatten die beiden Physiker mit ihren Theoremen einen wichtigen Beitrag zur Bestätigung des Urknallmodells geleistet.

Hawking selbst jedoch nahm dann später die Singularitätstheoreme zum Anlass, um Einsteins Relativitätstheorie in Frage zu stellen. Wenn aus der Allgemeinen Relativität folge, dass es Singularitäten gibt, dann sei die Relativitätstheorie keine *vollständige* Theorie.

Diese Vorstellung hält Hawking deshalb für so beunruhigend, weil man in diesem Fall wohl von der Existenz einer ganzen Reihe von Schwarzen Löchern im Universum ausgehen müsste. Eine Theorie, die es grundsätzlich zulasse, dass Singularitäten existieren und große Sterne zu Schwarzen Löchern kollabierten, mache die Welt noch komplizierter und undurchschaubarer, als sie durch die Quantenmechanik ohnehin schon sei. Ein Beispiel: Obwohl möglicherweise ein Großteil der gesamten Materie im Universum in Form von Schwarzen Löchern und anderer dunkler Materie vorliegt, ist es unmöglich, deren Existenz auf direktem Wege zu beobachten. Wegen der extremen Gravitationsfelder, die ein Schwarzes Loch umgeben, können keine Lichtstrahlen aus seinem Innern entweichen. Die sichtbare Grenze eines Schwarzen Loches, der so genannte Ereignishorizont, entspricht der Wellenfront des Lichtes, das gerade noch daran gehindert wird, dem Schwarzen Loch zu entkommen.

Roger Penrose hat in diesem Zusammenhang den Begriff der *kosmischen Zensur* geprägt. Damit ist gemeint, dass Singularitäten üblicherweise an Stellen vorkommen, die einem außen stehenden Beobachter grundsätzlich verborgen bleiben. Neben der kosmischen Zensur beschreibt auch Hawkings so genanntes *Keine-Haare-Theorem* die Natur der Schwarzen Löcher: Vollkommen unabhängig davon, wie komplex die Objekte sind, die zu einem Schwarzen Loch kollabieren, bleiben am Ende nur noch drei Merkmale übrig, mit denen man ein Schwarzes Loch erschöpfend charakterisieren kann, nämlich Masse, Drehimpuls und elektrische Ladung. Dem Keine-Haare-Theorem zufolge geht also sehr viel Information verloren, wenn ein Körper zu einem Schwarzen Loch kollabiert. Hawking geht davon aus, dass dieser Informationsverlust unwiderruflich ist.

Sollte es in der Realität des Universums tatsächlich Singularitäten und Schwarze Löcher geben, dann würde wegen des damit verbundenen Informationsverlustes tatsächlich eine neue Ebene der Unsicherheit in die Physik eingeführt, die weit über die quantentheoretische Unsicherheit hinausgeht, wie sie etwa in Heisenbergs Unschärferelation beschrieben wird:

> „Obwohl viele Leute dieses Ergebnis sehr begrüßen, hat es mich immer tief beunruhigt. (…) Sobald man zulässt, dass singuläre Geschichten zum Pfadintegral beitragen, könnten diese überall auftauchen, und die Vorhersagbarkeit würde vollständig verschwinden. Wenn die Gesetze der Physik an den Singularitäten zusammenbrechen, können sie das überall tun. Man besitzt nur dann eine wissenschaftliche Theorie, wenn die Gesetze der Physik überall gelten, auch zu Beginn des Universums."[56]

Für ein weiteres entscheidendes Problem hält Hawking die Tatsache, dass sowohl die Relativitätstheorie als auch die Unschärferelation der Quantenmechanik jeweils für sich genommen nicht beschreiben könnten, wie die Frühphase des Universums ausgesehen habe. Er hält es für notwendig, eine Theorie zu formulieren, in der sich Allgemeine Relativität und Quantenmechanik miteinander verbinden, eine Theorie der Quantengravitation also. Einer solchen Theorie müsste es möglich sein, die oben erwähnten vier grundlegenden Wechselwirkungen der Natur in einer Großen Vereinheitlichten Theorie, *Grand Unified Theory* (GUT), zusammenzuführen.

Auch wenn die Theorie der Quantengravitation noch nicht existiert, glaubt Hawking, jetzt schon zwei zentrale Eigenschaften nennen zu können, die die Theorie zu erfüllen hätte:

(1) Zum einen sollte sie der Empfehlung des amerikanischen Physikers *Richard Feynman* (1918–1988) folgen und die Quantentheorie als Pfadintegral formulieren. Was verbirgt sich hinter diesem Vorschlag? Im Grunde geht es um eine Fortentwicklung der Quantenmechanik. Anders als in der Newton'schen Physik ist es im Rahmen der Quantentheorie nicht möglich, den genauen Weg zu beschreiben, den ein Teilchen zwischen zwei Punkten zurücklegt. Jedem möglichen Weg des Teilchens lässt sich nur noch eine Wahrscheinlichkeit zuordnen. Der Vorschlag Feynmans, auf dieser Grundlage ein Pfadintegral zu formulieren, würde bedeuten, alle diese Teilwahrscheinlichkeiten durch Aufsummierung zu einer Gesamtwahrscheinlichkeit zusammenzufügen.

Die Bildung eines solchen Integrals ist allerdings nicht ohne weiteres möglich. Hawking schlägt vor, zur Lösung dieses Problems statt von realer von imaginärer Zeit auszugehen. Dabei handelt es sich um ein mathematisches Hilfsmittel, einen *Trick*. Die Mathematik kennt die Vorstellung imaginärer Zahlen, die man mit dem Buchstaben *i* darstellt. Es ist nicht möglich, diese Größe *i* durch reelle Zahlen auszudrücken oder auf diese zurückzuführen. Hawking ist davon überzeugt, dass man auf dieser Grundlage ein Konzept der imaginären Zeit einführen könne, mit dessen Hilfe man die gesamte Geschichte von Teilchen präzise als Pfadintegral darstellen kann. Die Einführung der imaginären Zeit hätte außerdem die Konsequenz, dass – mathematisch betrachtet – die Unterschiede von Raum und Zeit völlig verwischen und die so genannte *euklidische Raum-Zeit* entsteht.

(2) Die zweite Eigenschaft, die eine Theorie der Quantengravitation zu erfüllen hätte, bezieht sich auf die Krümmung der Raum-Zeit durch starke Gravitationsfelder. Falls Hawking richtig liegt und es eines Tages möglich sein sollte, eine Theorie der Quantengravitation zu formulieren und diese Theorie

dann tatsächlich all die Eigenschaften aufweist, die in ihr vermutet werden, dann hätte dies gravierende Auswirkungen für unser Weltbild. Die Relativitätstheorie Albert Einsteins sieht nach den Berechnungen von Alexander Friedmann und Georges Lemaître bisher nur zwei mögliche Deutungen der Geschichte des Universums vor. Entweder es existiert seit unendlicher Zeit oder hat einen Anfang in der Urknallsingularität. Aus der Quantengravitation könnte sich nun eine dritte Möglichkeit ergeben. Die Raum-Zeit wäre in ihrer Ausdehnung begrenzt und würde dennoch keine Singularitäten beinhalten – und damit auch keinen Urknall.

Hawking hat diese Variante erstmals im Jahre 1983 gemeinsam mit dem amerikanischen Physiker *James Hartle* formuliert. Der Hawking-Hartle-Vorschlag, auch bekannt als Unbegrenztheitspostulat, deutet die Existenz der Welt in ganz neuartiger Weise. Als einzige Grenzbedingung des Universums definieren Hawking und Hartle, dass es in der vierdimensionalen Raum-Zeit keine Grenzen gibt. Die Vorstellung eines solchen Universums erinnert ein wenig an die Eigenschaft der zweidimensionalen Erdoberfläche. Auch die Oberfläche der Erde ist von endlich großer Ausdehnung, und dennoch gibt es keine Grenzen – so dass man nie ans *Ende der Welt* gelangen kann.

Falls die Theorie der Quantengravitation tatsächlich ohne Grenzbedingungen auskommt, könnte man also auf die Vorstellung von Singularitäten im Universum verzichten. Stattdessen kehrt die in sich gekrümmte Raum-Zeit immer wieder an ihren Anfangspunkt zurück und ist in sich völlig geschlossen:

> „Man könnte sagen: ‚Die Grenzbedingung des Universums ist, dass es keine Grenze hat.‘ Das Universum wäre völlig in sich abgeschlossen und keinerlei äußeren Einflüssen unterworfen. Es wäre weder erschaffen noch zerstört. Es würde einfach SEIN.“[57]

Ganz offenkundig ist dieser Vorschlag sehr ambitioniert. Es ist daher nicht verwunderlich, dass er auch kritische Reaktionen hervorgerufen hat und in naturwissenschaftlicher und philosophischer Hinsicht heftig hinterfragt wird.

Es kann hier selbstverständlich nicht darum gehen, die mathematischen und physikalischen Schwierigkeiten der Quantengravitation zu untersuchen oder zu bewerten. Anders sieht es jedoch mit den philosophischen Einwänden aus. Hawking selbst unternimmt in der *Kurzen Geschichte der Zeit* immer wieder gedankliche Ausflüge in die Philosophie und Religionsphilosophie. Vor allem aber lässt er keinen Zweifel daran, auf welche Weise sein Vorschlag interpretiert und gedeutet werden sollte. Genau hier besteht für die Theologie nicht nur die Möglichkeit, sondern im Grunde auch die Pflicht, sich kritisch zu Wort zu melden und die Schlüssigkeit von Hawkings Behauptungen zu überprüfen. Im Folgenden sollen daher einige Einwände formuliert und diskutiert werden.

(1) *Hawkings realistische Deutung der imaginären Zeit:* Der vermutlich am häufigsten kritisierte Aspekt von Hawkings Theorie betrifft den Zeitbegriff. Hawking überträgt den mathematischen Begriff der imaginären Zahlen auf die zeitliche Dimension der Welt und bezeichnet diese Konstruktion als imaginäre Zeit. Den möglichen Einwand, dass die imaginäre Zeit wohl kaum mit den eindeutigen Erfahrungswerten der Menschheit in Einklang zu bringen sei, kontert er mit einer gewissen Lässigkeit:

„So ist möglicherweise das, was wir imaginäre Zeit nennen, von viel grundlegenderer Bedeutung und das, was wir real nennen, lediglich ein Begriff, den wir erfinden, um unsere Vorstellung vom Universum zu beschreiben. (...) Was ist wirklich, die ‚reale' oder die ‚imaginäre' Zeit? Es geht lediglich darum, welche von beiden die nützlichere Beschreibung ist."[58]

Zweifellos ist diese Argumentation einigermaßen waghalsig. Zu behaupten, die reale Zeit sei lediglich eine Erfindung, um unsere Vorstellung vom Universum zu beschreiben, stellt den Sachverhalt auf den Kopf. Schließlich ist es Hawking selber, der ein neues Verständnis der Zeit konzipiert, um seine Vorstellung des Universums zu beschreiben. Seine offensive Verteidigungsstrategie wirkt auch deshalb befremdlich, weil es sich bei seinem Modell der Quantengravitation nur um eine „Theorie der Theorie" handelt. Hawking macht lediglich einen *Vorschlag*, wie die erwünschte Quantengravitationstheorie aussehen könnte. Die Theorie selbst, als mathematisch formulierte These, bleibt ein Programm für die Zukunft.

Dabei ist die Frage nach der Interpretation der Zeit von entscheidender Bedeutung. William Craig weist darauf hin, dass die zeitliche Dimension ein so grundlegendes Merkmal unseres Denkens und unserer Erfahrungswelt ist, „dass jede Theorie, die diese Realität bestreitet, angesichts dieser Realität auseinanderfällt."[59] Bereits im Jahre 1920 hatte der britische Astrophysiker *Arthur S. Eddington* (1882–1944) geäußert, dass es keinen Sinn mache, über die Konsequenzen der Verwendung imaginärer Zahlen in der Realität nachzudenken. Eddington ging davon aus, dass es „natürlich" keinerlei Verbindung zwischen der imaginären Zeit und der physikalischen Realität gibt. Auch *Christopher J. Isham*, Theoretischer Physiker am *Imperial College in London*, kritisiert Hawkings Vorschlag pointiert und bezeichnet die Konzeption der imaginären Zeit als den entscheidenden – und zugleich fragwürdigsten – Schritt bei der Formulierung des Unbegrenztheitspostulats.

Vor diesem Hintergrund lässt sich die Behauptung, es mache keinen Sinn zu fragen, welche Zeitdimension wirklich sei, nicht mehr nachvollziehen. Zweifellos macht Hawking es sich zu einfach, wenn er ein mathematisches Hilfsmittel wie die imaginäre Größe *i* ohne weitere Reflexion in die Realität überträgt.

(2) *Die Vermeidung von Singularitäten als Begründung der Quantengravitation:* Auch wenn die Vorschläge Hawkings einer gewissen Originalität nicht entbehren, sollte man ihre wissenschaftliche Bedeutung nicht überbewerten. Im Grunde formuliert Hawking lediglich sein Unbehagen über das Vorkommen von Singularitäten im Urknallmodell und nennt eine Reihe von Wünschen in Bezug auf die Inhalte der erhofften neuen Theorie. Bei der Begründung seines Modells nimmt er Schwierigkeiten bewusst in Kauf, um dem Ziel eines durchgängig naturwissenschaftlich erklärbaren und geordneten Weltbildes näher zu kommen.

Hawking selbst hatte gemeinsam mit Roger Penrose bewiesen, dass aus der Relativitätstheorie notwendig auf die Existenz von Singularitäten geschlossen werden kann. Die Frage, wie man diese Erkenntnis bewertet, lässt sich nicht mathematisch beantworten, sondern hängt von ganz persönlichen – auch weltanschaulichen – Überzeugungen ab. Ist eine Theorie tatsächlich nur dann eine gute und wissenschaftliche Theorie, wenn sie überall und zu jeder Zeit gültig ist, so wie Hawking fordert? Oder lehren uns nicht die Erkenntnisse der Wissenschaftstheorie, dass es zuallererst darum geht, auf pragmatische Art und Weise Erklärungen und Zusammenhänge der beobachtbaren Welt zu erforschen? Der Anspruch Hawkings ist kein Anspruch der Naturwissenschaften, sondern eine Vorgabe des wissenschaftlichen Naturalismus.

Hawking befürchtet, dass in einem Universum, das Singularitäten beinhaltet, letzten Endes mit einem chaotischen Zusammenbrechen der naturgesetzlichen Abläufe zu rechnen sei. Dieses Szenario ist jedoch nicht begründet. Roger Penroses Phänomen der kosmischen Zensur zufolge vermeidet die

Natur „nackte" Singularitäten. Man kann daher davon ausgehen, dass sich die negativen Auswirkungen für die Geordnetheit des sichtbaren Kosmos innerhalb eines eng gesteckten Rahmens bewegen. Die Schutzfunktion der kosmischen Zensur bliebe auch dann intakt, wenn sich herausstellen sollte, dass im Universum extrem viel Schwarze Materie existiert. Der Informationsverlust beim Entstehen Schwarzer Löcher und der damit verbundene Zusammenbruch der Vorhersagbarkeit „würde also keinen Einfluss darauf haben, was sich in der Außenwelt abspielt"[60], wie Hawking selbst formuliert.

Noch ein weiterer Aspekt macht deutlich, wie fragwürdig es ist, die Forderung nach einem neuen Weltbild vor allem mit der Vorhersage von Singularitäten im Urknallmodell zu begründen. Der entscheidende Paradigmenwechsel von der überall präzise gültigen mechanistischen klassischen Physik hin zu einem modernen, dynamischen Verständnis der Welt hat nur wenig mit der Vorhersage von Singularitäten, dafür aber sehr viel mit dem Unschärfeprinzip der Quantentheorie zu tun. Es ist daher nur schwer nachvollziehbar, wie Hawking einerseits der Quantenmechanik mit großer Wertschätzung begegnet und andererseits die Vorhersage der Existenz von Singularitäten mit allen Mitteln zu vermeiden sucht.

(3) *Das Pfadintegral und die Viele-Welten-Theorie*: Hawkings Vorschlag basiert grundlegend auf der Idee, das Universum als Aufsummierung aller im Rahmen der Quantenmechanik möglichen Geschichten zu interpretieren.

Offenbar verbirgt sich dahinter die so genannte *Viele-Welten-Theorie*, die im Jahre 1957 erstmals von *Hugh Everett III.* (1930–1982) formuliert wurde.[61] Everett vertrat die These, dass sich hinter jeder der zahllosen Möglichkeiten, die durch eine quantenmechanische Wellenfunktion ausgedrückt wird, eine Welt verbirgt, die real existiert, jedoch von der unseren verschieden ist. Die Differenzen zwischen den Welten können demnach minimal, bei einer großen Teilmenge der Welten aber auch gravierend sein.

Dass sich die Viele-Welten-Deutung fundamental von allen gängigen Interpretationen der Quantenmechanik unterscheidet, wie etwa der Kopenhagener Deutung oder dem Komplementaritätsverständnis von Niels Bohr, ist offensichtlich. Es gibt daher in den Naturwissenschaften nur relativ wenige Anhänger dieser Theorie. In naturphilosophischer Hinsicht ist es darüber hinaus bedenklich, dass die Viele-Welten-Deutung von einer Vervielfachung der Realität ausgeht, gleichzeitig aber keine besseren Erklärungen und Vorhersagen anbieten kann als die anderen Interpretationen der Quantenmechanik. Zu den Prinzipien der Wissenschaftstheorie gehört jedoch, dass man bei zwei gleich guten Erklärungen diejenige vorziehen sollte, die von weniger Voraussetzungen ausgeht und einfacher strukturiert ist.

(4) *Quantenfluktuationen als eigentliche Ursache des Universums:* Die reizvollste Besonderheit des Quantengravitationsmodells besteht darin, dass es keinerlei zeitliche Ränder vorsieht. Hawking geht davon aus, dass das Universum in sich abgeschlossen und keinen äußeren Einflüssen unterworfen ist. Es wäre nicht erschaffen worden, sondern würde einfach existieren. Erstmals scheint es damit einem Physiker gelungen zu sein, die Frage nach dem letzten Grund der Existenz des Universums zwar nicht zu beantworten, aber doch für unnötig zu erklären.

Andererseits erläutert Hawking, dass auch die Quantengravitation die Frage Leibniz' nicht beantworten kann, warum etwas existiert und nicht einfach nichts:

> „Ist die endgültige vereinheitlichte Theorie so zwingend, dass sie sich selbst in die Existenz ruft? Auch wenn die Wissenschaft möglicherweise das Problem zu lösen vermag, wie das Universum begonnen hat, nicht beantworten kann sie die Frage: Warum macht sich das Universum die Mühe zu existieren? Ich kenne die Antwort nicht."[62]

Offensichtlich geht Hawking davon aus, dass auch ein Universum, das in der Raum-Zeit ohne Grenzen und Singularitäten existiert, nicht einfach vorhanden ist, sondern – wie auch immer – entstanden sein muss. Seine berühmt gewordene Formulierung vom Universum, das weder einen Anfang noch ein Ende hat, sondern „einfach ist", mithin keinen Raum für einen Schöpfer böte, ist in diesem Zusammenhang nicht besonders erhellend. Nach Hawkings Auffassung ist das Universum *spontan* aufgrund zufälliger Quantenfluktuationen aus dem absoluten Nichts heraus entstanden:

> „Anders als bei der Paarerzeugung von Schwarzen Löchern kann man beim (…) Universum nicht mehr sagen, es sei aus Feldenergie in einem vorher existierenden Raum entstanden. Stattdessen kann man im wörtlichen Sinne von der Entstehung aus dem Nichts sprechen: nicht aus dem Vakuum, sondern aus dem absoluten Nichts, da es nichts außerhalb des Universums gibt."

Das Universum wäre demnach in einem spontanen quantenmechanischen Tunnelprozess aus dem Nichts heraus entstanden. Die Einwände gegen diese Behauptung liegen auf der Hand: Quantenmechanische Prozesse erfolgen nicht aus dem Nichts heraus, sondern im physikalischen Vakuum, einem Zustand, der weder leer noch ohne Eigenschaften ist, sondern eine sehr komplexe Struktur hat. Darüber hinaus kann es zu einer spontanen Teilchen-Antiteilchen-Paarerzeugung nach derzeitigem Kenntnisstand nur bei einzelnen Elementarteilchen kommen. Diese Prozesse gelten außerdem als äußerst instabil; die Teilchen zerfallen bereits nach kürzester Zeit wieder. Je größer die auftauchenden Teilchen sind, umso kürzer ist ihre Lebensdauer. Vor diesem Hintergrund ist die Behauptung, das gesamte Universum sei durch ein zufälliges quantenmechanisches Ereignis einfach aus dem Nichts heraus entstanden, äußerst spekulativ und kaum nachvollziehbar.

Abschließend kann man daher festhalten: Angesichts der zahlreichen aufgeführten Unklarheiten ist wohl kaum davon auszugehen, dass sich Hawkings Vorschlag zu einem ernsthaften Konkurrenten des kosmologischen Standardmodells entwickeln wird. Sollten sich dennoch eines Tages alle Einwände nachvollziehbar entkräften lassen, würde sich dies vermutlich nur sehr geringfügig auf die religionsphilosophische Diskussion auswirken. Zwar ließe sich für die Entstehung des Universums kein Zeitpunkt mehr angeben, doch bestreitet auch Hawking nicht, dass das Universum aus dem Nichts heraus entstanden sein könnte und damit einen Anfang hätte. Das kālam-Argument von William Craig müsste daher in keinem Punkt verändert werden:

(1) Alle Dinge, deren Existenz einen Anfang hat, haben eine Ursache.
(2) Die Existenz des Universums hat einen Anfang.
(3) Daher muss auch das Universum eine Ursache haben.

3.3. Die Theorie des oszillierenden Universums

Wesentlich einfacher als der Vorschlag Stephen Hawkings ist die Theorie des oszillierenden *(schwingenden)* Universums. Zu den Begründern dieses Modells gehören der amerikanische Physiker *Richard C. Tolman* (1881–1948) und in neuerer Zeit die Mathematiker *Peter T. Landsberg* und *David Park*. Die Oszillationstheorie stellt die Existenz von Singularitäten nicht in Frage, sondern akzeptiert sie als wesentlichen Bestandteil der Allgemeinen Relativitätstheorie. Dennoch gibt es einen gemeinsamen Nenner zwischen Hawkings Vorschlag und der Oszillationstheorie. Beide Modelle gehen von einem Universum aus, das keinen zeitlichen Anfang hat.

Die Theorie des oszillierenden Universums beinhaltet, dass der Kosmos seit ewiger Zeit in Form einer unendlichen Kette von Expansions- und Kollabierungsphasen besteht. Demnach dehnt sich das Universum mit großer Geschwindigkeit aus, das Tempo der Expansion verlangsamt sich, wird schließlich ganz abgebremst und schlägt um in eine Phase der Kontraktion. Am Ende des Zyklus kollabiert das Universum vollständig in eine Singularität hinein, die dann zum Ausgangspunkt einer neuerlichen Ausdehnungsphase des Universums wird. Edwin Hubbles Beobachtung der Expansion des Universums wäre demnach nur eine kurze Momentaufnahme in der ewig währenden Geschichte des Kosmos. Carl Sagan schreibt hierzu:

> „Die Welt würde teilhaben an einer Abfolge von Zyklen, die an die Inhalte indischer [Religionen] erinnern. Ausdehnung und Kontraktion, Universum auf Universum, ein Kosmos ohne Ende. Falls wir tatsächlich in einem derartigen Universum leben, ist der Urknall nicht die Schöpfung der Welt, sondern lediglich der Endpunkt eines vergangenen Zyklus."[63]

Im Oszillationsmodell werden die Ausgangspunkte des schwingenden Universums durch Singularitäten markiert. Mit dem Ende eines jeden Zyklus wären daher Eigenschaften wie Unvorhersagbarkeit und der Verlust sämtlicher Informationen über die Geschichte des Kosmos verbunden. Dies bedeutet, dass man keinerlei Aussagen über Ereignisse machen kann, die sich in Phasen des Universums ereignet haben, die jenseits der letzten Urknallsingularität liegen, sich also vor mehr als 15 Milliarden Jahren ereignet haben. Die Ordnung der Naturgesetze und die Ereignisse dieser vergangenen Phasen hätten keinerlei Einfluss auf den gegenwärtigen Zustand des Kosmos.

Bei naturalistischen Wissenschaftlern ist die Theorie des oszillierenden Universums aus verschiedenen Gründen nicht sonderlich beliebt. Zunächst beinhaltet sie eine ganze Reihe ungeklärter Fragen. So ist der Übergang von einer Expansions- in eine Kollabierungsphase nur dann denkbar, wenn die Materiedichte des Universums einen bestimmten Wert überschreitet. Wenn dieser Wert nicht erreicht wird, würde sich die Ausdehnungsgeschwindigkeit des Universums nicht verlangsamen, sondern im Gegenteil ständig zunehmen. Nur unter der Voraussetzung, dass das Universum über eine genügend hohe Materiedichte verfügt, könnten die nach innen wirkenden Kräfte der Gravitation den Ausdehnungsprozess abbremsen und in sein Gegenteil verkehren, so dass das Universum schließlich in sich zusammenfiele. Nach derzeitigem Kenntnisstand beträgt die Dichte des Universums allerdings maximal zehn Prozent der notwendigen kritischen Dichte. Dies bedeutet, dass die Grundforderung des Oszillationsmodells nur dann erfüllt werden könnte, wenn der Kosmos zusätzlich über einen rund zehnmal höheren Masseanteil verfügt, der in Form von Schwarzen Löchern oder anderer dunkler Materie vorliegt. Ob jedoch Schwarze Löcher in so großer Zahl im Universum vorhanden sind, ist äußerst ungewiss.

Eine weitere Schwierigkeit resultiert aus dem völligen Informationsverlust, der sich in den Singularitäten ereignet. Im Anschluss an eine jede Ausgangssingularität würden sämtliche Gesetze und Konstanten der Natur grundlegend neu geordnet. Demnach beschreibt das Oszillationsmodell eine Welt, die sich beinahe vollständig der wissenschaftlichen Untersuchung entzieht. Da sich die Reichweite wissenschaftlicher Hypothesen lediglich auf die jeweils aktuelle Schwingungsperiode des Universums beziehen kann, ließe sich nur dieser unendlich kleine Teil der Gesamtgeschichte des Universums nachvollziehen und erforschen.

Es ist daher nicht verwunderlich, dass etwa Stephen Hawking, der die Wissenschaftlichkeit von Theorien daran festmacht, ob sie an allen Punkten der Geschichte des Universums gültig sind, mit einiger Zurückhaltung auf das Oszillationsmodell reagiert. Auch für Bernulf Kanitscheider hat die Schwingungstheorie nur den Charakter einer Notlösung:

„Kann man die Singularität schon nicht mehr ableugnen, so gibt es vielleicht doch Mittel und Wege, sie zu umgehen oder zu zeigen, dass ihre Wirkung für das gesamte Universum kleiner ist, als am Anfang gedacht.“[64]

Kanitscheider bezieht daher auch solche Varianten des Oszillationsmodells in seine Überlegungen ein, die keine Ausgangssingularitäten und damit keine vollständige Geschlossenheit der verschiedenen Phasen des Universums vorsehen. Am Ende einer Kollabierungsphase des Universums würde demnach keine Singularität stehen, sondern ein extrem dichtereicher Zustand, der allerdings nicht durch unendlich große Werte gekennzeichnet wäre.

Kanitscheider räumt ein, dass auch dieser Vorschlag problematisch ist. Der so genannte Zweite Hauptsatz der Thermodynamik besagt, dass in einem geschlossenen System der Grad an Ordnung grundsätzlich nur abnehmen kann und die Unordnung des Systems stetig zunimmt. Wenn das Universum tatsächlich einen unendlichen Zyklus von Lebensphasen durchlaufen hätte, die nicht durch Singularitäten voneinander getrennt wären, dann würde die gesamte Materie des Universums inzwischen in Form von Schwarzen Löchern vorliegen.

Alles in allem, so Kanitscheider, sei es daher doch „unglaubwürdig, dass ein Universum seine Identität über mehrere Zyklen hinweg bewahren kann.“ Ein gewisses Maß an „physikalischem Unbehagen“ lasse sich angesichts der Unwägbarkeiten des Oszillationsmodells kaum vermeiden.

Es ist offensichtlich, dass die Theorie des oszillierenden Universums das Problem des Anfangs des Kosmos nicht zu lösen vermag. Die Theorie schlägt ein Szenario vor, das die zusätzliche Existenz zahlloser Weltzyklen einfordert und erklärtermaßen nicht empirisch überprüft werden kann. Es verwundert daher kaum, dass die Oszillationstheorie auch aus naturalistischer Sicht als Notlösung betrachtet wird. Als ernstzunehmende Alternative zum kosmologischen Standardmodell kommt die Theorie zurzeit nicht in Frage.

3.4. Alan Guth: Die Theorie des inflationären Universums

Im Jahre 1981 hat der amerikanische Physiker *Alan Guth* seine Theorie des inflationären Universums vorgestellt. Inzwischen ist sein Vorschlag vielfach positiv aufgegriffen worden und hat sich zu einer viel diskutierten Ergänzung des Urknallmodells entwickelt. Guths Überlegungen enthalten eine Reihe bemerkenswerter Aspekte. Eine Stärke der Theorie besteht darin, dass man die zentralen Gedanken auch unabhängig voneinander diskutieren und in das Urknallmodell integrieren kann. Darüber hinaus eröffnet das Inflationsmodell einen relativ weiten Raum für religionsphilosophische Überlegungen.

Warum jedoch besteht überhaupt die Veranlassung, das Standardmodell durch die Idee eines inflationär expandierenden Universums zu ergänzen? Zur Begründung ließe sich eine ganze Reihe von Anfangs- oder Randbedingungen des Kosmos nennen, die vom Urknallmodell lediglich vorausgesetzt, aber nicht im eigentlichen Sinn erklärt werden. Grundsätzlich ist es völlig unproblematisch, dass ein Weltmodell Randbedingungen beinhaltet, solange es die Ordnung des Kosmos gut beschreibt und brauchbare Theorien liefert. Andererseits kann dieses Modell dann aber keine Gründe dafür angeben, warum der Kosmos gerade so und nicht anders geordnet ist.

Bei den Randbedingungen, die Alan Guth durch das Inflationsmodell lösen möchte, handelt es sich in erster Linie um das so genannte *Horizont-Problem,* das die außergewöhnliche Homogenität und Isotropie des Universums thematisiert. Außerdem klärt Guth auch einen besonderen Aspekt der Expansion des Universums. Wie oben bereits erwähnt, beträgt die Dichte der Materie im Universum vermutlich rund ein Zehntel der kritischen Größe, die den Expansionsprozess in eine Kollabierung umwandeln könnte. Aus physikalischer Perspektive handelt es sich hier um ein relativ ideales Größenverhältnis, für das die Urknalltheorie jedoch keine Begründung zu liefern vermag.

Die Lösungsvorschläge, die das Inflationsmodell für diese Fragen anzubieten hat, sind einigermaßen komplex und setzen in der absoluten Frühphase des Universums an, die vermutlich schon 10^{-35} Sekunden – also dem unvorstellbar kleinen Bruchteil einer Sekunde – nach dem Urknall wieder beendet war. Innerhalb dieser Frühphase haben sich die bereits erwähnten Symmetriebrechungen vollzogen. Im Zuge mehrerer Phasenübergänge lösten sich aus der zunächst bestehenden einheitlichen Kraft die Gravitationskraft und dann die anderen Wechselwirkungen heraus. Der Grundgedanke der Inflationstheorie bezieht sich nun darauf, dass die Phase der Symmetriebrechung noch in anderer Hinsicht bedeutend ist. Eine Reihe von Hinweisen sprechen dafür, dass in der Zeit vor der Symmetriebrechung ein so genanntes *falsches Quantenvakuum* existiert hat. Während der Symmetriebrechung soll sich dann auch der Übergang vom falschen ins wahre Vakuum vollzogen haben.

Was verbirgt sich hinter diesen Begriffen, und wie kann man sich den Verlauf des Umbruchprozesses vorstellen? Ganz allgemein bezeichnet ein Quantenvakuum den niedrigsten Energiezustand, den ein Quantensystem einnehmen kann. Ein solches Vakuum entsteht, wenn man „aus einem Raumgebiet alles entfernt, was sich mit Methoden der Experimentalphysik entfernen lässt“[65]. Was übrig bleibt, ist das Quantenvakuum, das allerdings weder leer noch eigenschaftslos ist. Ein Vakuum enthält zwar keine reellen Teilchen, hat aber durchaus eine sehr komplexe Struktur. Unter anderem ist sowohl das falsche als auch das wahre Vakuum von räumlich konstanten so genannten *Higgs-Feldern* erfüllt, die in verschiedenen Varianten vorliegen. Im Gegensatz zu den Higgs-Feldern im wahren Vakuum sind die Higgs-Felder, die das falsche Vakuum anfüllen, ganz besonders energiereich, so dass die Energiedichte des falschen Vakuums insgesamt extrem hoch ist. Das falsche Vakuum ist daher ein Zustand von sehr großer Materiedichte, der aber kaum massive Teilchen enthält, sondern in erster Linie hochenergetische Quantenfelder.

Entscheidend ist nun Guths Hypothese, dass es sich bei dem falschen Vakuum um einen mittelstabilen Zustand handelt, der für eine gewisse kurze Zeit existieren kann, dann aber zerfällt. Das falsche Vakuum löst sich nach etwa 10^{-35} Sekunden auf. Bei dem Übergang vom falschen, energiereichen ins wahre, energiearme Vakuum wird in großem Maßstab Energie freigesetzt, die aus den Higgs-Feldern des falschen Vakuums stammt. Diese freigewordene Energie geht auf die neu entstandenen Elementarteilchen über, die nicht mehr wie ihre Vorgänger im falschen Vakuum masselos, sondern massehaltig sind. Ohne Verletzung des Energieerhaltungssatzes können daher beim Übergang vom falschen ins wahre Vakuum massive Elementarteilchen entstehen. Alan Guth geht davon aus, dass dieser Phasenübergang die Entstehung der gesamten Materie des Universums verursacht hat.

Wie hängt nun der Phasenübergang mit der Entstehung der Inflation zusammen? Guth macht bestimmte gravitative Gegebenheiten des falschen und des wahren Vakuums dafür verantwortlich, dass es in dieser hochenergetischen Frühphase zu einem exponentiellen Anstieg der Expansionsgeschwindigkeit des Universums gekommen ist. Innerhalb von 10^{-35} Sekunden vergrößerte sich das Volumen des Universums auf inflationäre Weise um das 10^{30}fache seiner ursprünglichen Größe.

Die Theorie des inflationären Universums präsentiert sich damit nicht als grundsätzliche Alternative zum Urknallmodell, sondern versucht die Anfangsbedingungen zu erklären, die in der Standardtheorie zum Zeitpunkt des Weltalters von 10^{-35} Sekunden gelten. Zusammenfassend kann man auf zwei zentrale Aspekte des Inflationsmodells hinweisen:

(1) Die exponentielle Expansionsphase ist eine Folge des falschen Quantenvakuums und lässt sich vollständig aus dem Szenario des frühen Universums erklären.
(2) Im Übergang zwischen den beiden Vakuumzuständen erzeugt die Welt ihren eigenen Materiegehalt. Wie eine *creatio ex nihilo* ereignet sich die Materieerzeugung aus dem Quantenvakuum heraus.

Bevor nun eine religionsphilosophische Deutung des Inflationsmodells ansteht, sei zumindest auf zwei kritische Anmerkungen in der naturwissenschaftlichen Diskussion des Modells verwiesen. Der Konstanzer Physiker *Jürgen Audretsch* weist darauf hin, dass das Modell eine ganze Reihe exakter Spekulationen beinhaltet, die auf unterschiedlichen, nicht einwandfrei bewiesenen Theorien aufbauen. So ist es etwa bis heute nicht gelungen, die Existenz von Higgs-Feldern experimentell nachzuweisen. Eine gewisse Unklarheit über die Geltung der Inflationstheorie bleibt daher bestehen. Die gravierendste Anfrage an das Inflationsmodell resultiert allerdings aus dem Problem, wie eine einmal in Gang gesetzte Inflationsphase wieder beendet werden kann. Keine der bisher vorgeschlagenen Varianten kann erklären, wie der Phasenübergang vom falschen ins wahre Vakuum aussehen könnte und dann auch beendet wird. Wie lässt sich der Prozess so beschreiben, dass am Ende keine Region mehr existiert, in der weiterhin ein falsches Quantenvakuum besteht, das weiter exponentiell expandiert? Wegen der mathematischen Eleganz und des unbestreitbaren Erfolgs des Modells bei der Erklärung einiger Eigenschaften des Universums hält Jürgen Audretsch dennoch an der Theorie fest: Die Hypothese sei „zu schön, um nicht wahr zu sein“[66]. Allerdings schlägt er vor, sich bei der Rezeption von Guths Vorschlägen auf das Szenario der inflationären Ausdehnung des Universums zu beschränken. Guths Vermutung, die Materie des Kosmos sei quasi von allein aus dem Vakuum heraus entstanden, hält er für vernachlässigenswert.

Die Frage nach der religionsphilosophischen Bedeutung des Inflationsmodells sollte unabhängig vom Erfolg und von der Anerkennung der Theorie diskutiert werden. Ist es die Absicht von Alan Guth, ein komplettes naturalistisches Erklärungsset zu liefern, das die Frühphase des Kosmos nachvollziehbar beschreibt und gleichzeitig die Entstehung eines sich selbst genügenden Universums erklärt? Wäre das kosmologische kālam-Argument von William Craig ausgehebelt, wenn es stimmen würde, dass sich das Universum seine eigene Materie *ex nihilo* erschafft? Immerhin überschreibt Guth das Einleitungskapitel seines Buches zum Inflationsmodell mit „*Das Universum, gratis*“ und das abschließende Kapitel mit „*Ein Universum ex nihilo*“. Zweifellos möchte er den Dingen tiefer auf den Grund gehen, als es bisher möglich war:

> „Wie ist das alles entstanden? (...) Bis in die jüngste Vergangenheit schien [eine Antwort auf diese Frage] jenseits der wissenschaftlich erfassbaren Tatsachen zu liegen. (...) Die klassische Urknalltheorie beschreibt die Nachwirkungen der Explosion, doch sie unternimmt keinen Versuch zu erläutern, was »knallte«, wie es »knallte« und weshalb

es »knallte«. Man hat uns immer beigebracht, nichts könne aus dem Nichts entstehen. Daher gebe es auch keinerlei Hoffnung auf eine wissenschaftliche Erklärung des tatsächlichen Ursprungs der Materie im Universum."[67]

Bei der Klärung der Frage, wie die Materie im Universum entstanden sein könnte, sucht Guth nach neuen Lösungsmöglichkeiten. Wenn der Kosmos wirklich aus dem Nichts entstanden wäre, müsste gemäß den Bedingungen des Energieerhaltungssatzes die Gesamtenergie der Welt den Wert null haben. Der energetische Gehalt des Universums ist aber offensichtlich positiv. Eine logisch mögliche Erklärung für die Entstehung der Welt scheint daher nicht in Sicht zu sein. Die Lösung, die Guth nun für dieses Problem vorschlägt, besteht darin, den Energiebetrag, der im Gravitationsfeld des Quantenvakuums gespeichert wird, als negativ zu definieren. Wenn diese gewaltigen Energien tatsächlich kleiner als null wären, könnte die Gesamtenergie des Universums trotz der hohen Materiedichte insgesamt ausgeglichen sein. Man muss genauer prüfen, was es bedeutet, wenn Guth lapidar feststellt: „Unter Einhaltung aller uns bekannten Erhaltungssätze könnte sich das Universum aus dem absoluten Nichts entwickelt haben."[68]

In der Tat bezieht Guth sich auf einen – zunächst skurril wirkenden – Vorschlag, den der New Yorker Physiker *Edward P. Tryon* im Jahre 1973 gemacht hatte. Tryon hatte an das Phänomen der kurzzeitigen Entstehung von Teilchen-Antiteilchen-Paaren in Quantenfeldern angeknüpft und behauptet, das gesamte Universum könnte als Vakuumfluktuation entstanden sein:

„Um zu verstehen, wie sich die Schöpfung vollzogen haben könnte, möchte ich auf die Quantenfeldtheorie Bezug nehmen. Diese sagt voraus, dass jedes Ereignis, das grundsätzlich stattfinden könnte, auf der Grundlage rein statistischer Wahrscheinlichkeiten eines Tages tatsächlich Realität wird. (...) [Das Universum] könnte einfach das Ergebnis einer Vakuumfluktuation sein. (...) Zur Beantwortung der Frage, warum dies geschehen sein könnte, möchte ich den bescheidenen Vorschlag unterbreiten, dass unser Universum einfach eines dieser Dinge ist, die sich von Zeit zu Zeit ereignen."[69]

Der Theorie von Edward Tryon war zunächst kein besonderer Erfolg beschieden. Allerdings ist es Guth gelungen, mit Hilfe des Inflationsmodells die beiden entscheidenden Schwachstellen von Tryons Vorschlag zu beseitigen: wie die enorme Menge von Materie aus dem Vakuum heraus entstehen konnte und warum das Universum so gewaltige räumliche Ausmaße hat.

Ist es Guth damit tatsächlich gelungen, die Entstehung des Kosmos aus dem Nichts zu erklären? Sollten wir statt auf die theistische Schöpfungsüberzeugung von nun an auf Fluktuationen im Quantenvakuum vertrauen? Zunächst einmal ist jedoch zu bedenken, dass Guth nicht nur Antworten zur Klärung ungelöster Phänomene gibt, sondern auch einen neuen Grenzbereich der menschlichen Erkenntnis einführt. Bei der Phase der inflationären Expansion des Universums handele es sich um ein so radikales und einzigartiges Phänomen, dass „im wesentlichen sämtliche Hinweise, die Aufschluss über die Zeit vor der Inflation geben könnten, vollständig ausgelöscht" worden seien. Damit wäre die Frage nach der ursprünglichen Entstehung des Kosmos zwar nicht hinfällig, gehörte aber in den Bereich der „obskureren Fragestellungen" der theoretischen Physik. Wegen der Inflation seien „sämtliche Mutmaßungen in Bezug auf den Ursprung des Universums vollständig von der empirischen Kosmologie abgekoppelt."[70]

Damit macht Guth klar, dass auch die Inflationstheorie nicht die gesuchte Erklärung bieten kann, warum die Welt zu existieren begonnen hat. Im Gegenteil sei die inflationäre

Phase aus heutiger Sicht wie eine „absolute Schranke der Erkenntnis", die mit den Methoden der Wissenschaft nicht überwunden werden könne. Die Wissenschaften können nicht erklären, *warum* die Welt entstanden ist. Selbst wenn der Kosmos tatsächlich aus dem Vakuum entstanden sein sollte – eine letzte Erklärung wäre auch damit nicht gefunden.

> „Aus Sicht der Allgemeinen Relativitätstheorie stellt der leere Raum in unzweideutiger Weise etwas dar. (…) Von diesem Standpunkt aus scheint der Vorschlag, das Universum sei aus dem leeren Raum entstanden, nicht grundsätzlich verschieden zu sein von dem Vorschlag, das Universum sei aus einem Stück Gummi hervorgegangen. Das mag zwar richtig sein, aber man fragt sich immer noch, wo das Stück Gummi herkommt."[71]

Welche Konsequenzen für das kosmologische kālam-Argument sind aus dem Inflationsmodell abzuleiten? Die erstaunliche Antwort lautet: Guths Vorschlag führt nicht zu einer Verschlechterung, sondern tendenziell sogar zu einer Verbesserung der religionsphilosophischen Ausgangssituation. Wie oben erläutert, beinhaltet Guths Inflationsmodell zwei zentrale Gedanken, nämlich zum einen die Überzeugung, dass sich das Universum in seiner Frühphase inflationär ausgedehnt habe, und zum andern, dass als Folge dieses Prozesses die Materie des Kosmos aus Quantenfeldern entstanden sei. Keiner dieser Aspekte stellt die Prinzipien des kālam-Argumentes von William Craig in Frage.

Das Prinzip, dass alle Dinge, deren Existenz einen Anfang hat, eine Ursache haben müssen, wird von Guth nicht angezweifelt. Im Gegenteil betont er, dass in philosophischer Hinsicht die Frage nach dem Warum und Weshalb vollkommen gerechtfertigt ist. Die Erkenntnis, dass die Inflationsphase zu einer undurchdringbaren Grenze für die wissenschaftliche Erforschbarkeit des Universums wird, erinnert auffallend an die Schwierigkeiten, die mit der Anfangssingularität der Urknalltheorie verbunden sind.

Die theistische Überzeugung, dass Gott der Grund für die Existenz der Welt ist, ist davon jedoch unabhängig. Es bedarf in logischer Hinsicht keiner naturwissenschaftlichen Wissenslücke, die nur noch mit dem Gottesbegriff gefüllt werden müsste. Dennoch drängt sich angesichts einer Theorie wie dem Modell des inflationären Universums die Frage nach Gott geradezu auf. Die Konsonanz von Inflationsmodell und Schöpfungsglaube ist offensichtlich.

Quentin Smith hatte seine Behauptung, dass das kālam-Argument unvereinbar sei mit dem Standardmodell der Kosmologie, an der Unvorhersagbarkeit der Singularitäten festgemacht. Das Inflationsmodell hat nun gezeigt, dass man dieses atheistische Argument nicht nur auf dem Wege der religionsphilosophischen Diskussion, sondern auch aus mathematischen Gründen als unbegründet zurückweisen kann. Die Vorstellung, dass ein allmächtiger und ewiger Gott die Welt, wie sie vom Inflationsmodell beschrieben wird, erschaffen hat, ist logisch gesehen ohne weiteres denkbar. Das kosmologische Argument von William Craig behält seine Gültigkeit – unabhängig davon, ob man sich auf die Standardtheorie der Kosmologie bezieht oder ob man diese durch das Szenario eines inflationär expandierenden Universums ergänzt.

3.5. Das kosmologische Argument heute

Die Diskussion der Quantengravitationstheorie, des Oszillations- und des Inflationsmodells hat deutlich gemacht, welchen Stellenwert der inhaltliche Austausch für den Dialog von Glaube und Naturwissenschaft hat. In exemplarischer Weise hat sich gezeigt, dass es – gerade aus theologischer

Sicht – notwendig ist, die jeweiligen Standpunkte zu erörtern, gemeinsame Überzeugungen zu benennen und diese bei Meinungsverschiedenheiten argumentativ zu vertreten. Es reicht nicht aus, sich auf einen sicheren erkenntnistheoretischen Standpunkt zurückzuziehen und darauf zu bauen, dass die Naturwissenschaften die letzten Fragen nach dem Warum der Existenz der Welt nicht beantworten können und wollen. Naturalisten haben einen Anspruch, der umfassender ist. Sie zielen ein vollständiges Modell des Kosmos an, das keinen Raum mehr lässt für die Fragen von Theologie und Philosophie.

In der Diskussion von Urknallmodell und theistischem Schöpfungsglauben war deutlich geworden, dass Glaube und Naturwissenschaft in der Welt von heute nicht mühsam zueinandergebracht werden müssen, sondern konsonant zueinander sind. Es ist daher vollkommen plausibel, wenn der moderne Mensch einerseits von der naturwissenschaftlichen Erforschbarkeit der Welt und gleichzeitig von der Geschaffenheit des Kosmos und dem Wirken Gottes in der Schöpfung überzeugt ist. Vor diesem Hintergrund gewinnen der Dialog und die inhaltliche Auseinandersetzung mit dem Naturalismus zusätzlich an Bedeutung. Es geht nicht nur um den Austausch von Meinungen, sondern auch darum, den eigenen Standpunkt zu begründen und zu sichern.

Die Diskussion einiger naturalistischer Theorien hat ergeben, dass man aus dem hohen Anspruch des Naturalismus keineswegs ableiten kann, die entsprechenden Argumente seien in besonderer Weise stichhaltig oder überzeugend. Es lohnt sich, die naturalistische Rhetorik genau zu prüfen und die tatsächliche Reichweite der Vorschläge zu bestimmen. Bisher ist das Ergebnis der Untersuchung eindeutig: Die Argumente der Theologie können sich mit den Theorien des Naturalismus auf Augenhöhe messen. Die Theologie kann mit großer Offenheit und dem nötigen Vertrauen in die eigene Position das Gespräch mit den anderen Disziplinen suchen. Auf diese Weise kann es gelingen, die eigene theistische Sicht der Welt in die Debatte mit einzubringen.

Der Dreischritt des kosmologischen kālam-Argumentes ist bereits mehrfach erwähnt worden:

(1) Alle Dinge, deren Existenz einen Anfang hat, haben eine Ursache.
(2) Die Existenz des Universums hat einen Anfang.
(3) Daher muss auch das Universum eine Ursache haben.

Die Tatsache, dass nichts aus nichts entstehen kann, ist das grundlegende metaphysische Prinzip des kosmologischen Argumentes. Das Anliegen mancher naturalistischer Autoren, den physikalischen Begriff des Vakuums mit dem vollkommenen Nichts gleichzusetzen, kann nicht gelingen. Das Vorkommen von Quantenfluktuationen im Vakuum hat wenig mit der Frage zu tun, warum die Welt existiert und nicht einfach nichts. Die Ursachen für die Existenz der Welt sind nicht innerhalb der Welt zu finden, sondern müssen größer sein als diese.

Die Autoren der Quantengravitation und der Theorie des oszillierenden Universums haben ihre Vorschläge jeweils mit dem erklärten Ziel verbunden, die Anfanghaftigkeit des Universums zu vermeiden. Die Diskussion der Argumente hat jedoch gezeigt, dass keiner der beiden Vorschläge in ernsthafte Konkurrenz zur Urknalltheorie treten kann. Nach allem, was wir derzeit wissen, hat die Existenz der Welt einen Anfang in der Zeit.

Im Laufe der Debatte hat sich jedoch eine weitere Vermutung bestätigt. Naturalisten behaupten, weltanschaulich neutral und nur nach den methodischen Vorgaben der Wissenschaftlichkeit und Objektivität zu argumentieren. In der inhaltlichen Auseinandersetzung zeigt sich jedoch das Gegenteil. Ein Großteil der vorgebrachten Argumente und Statements hat zweifellos zum Ziel, das theistische Deutungsmuster der Welt in Frage zu stellen. Es ist erstaunlich, wie sehr Naturalisten bereit sind, in diesem Kontext auch auf problematischen und randständigen Vorschlägen zu beharren. Beispiele wie die Einführung der imaginären Zeit bei Hawking oder der Vorschlag des oszillierenden Universums machen deutlich, dass die naturalistische Diskussionskultur ohne den weltanschaulichen – das heißt atheistischen – Hintergrund vieler Autoren nicht nachzuvollziehen wäre.

Welche Konsequenz sollte daraus gezogen werden, dass sich die beiden Vordersätze (1) und (2) in der Diskussion erfolgreich bewährt haben? Die Hypothese, dass das Universum nach derzeitigem Stand der Kenntnisse eine Ursache haben muss, kann zumindest als gut begründet gelten. Es ist daher vernünftig, wenn Christen davon ausgehen, dass das Handeln Gottes die Ursache für die Existenz der Welt ist. Mit den Worten von Richard Swinburne: *„Die Existenz des Universums ist sonderbar und verwunderlich. Sie wird verständlich, wenn wir annehmen, dass Gott die Ursache ist.“*[72]

Damit soll nicht behauptet werden, das kālam-Argument sei logisch zwingend oder im Sinne eines strengen Beweises zu verstehen. Allerdings hat die Diskussion der verschiedenen Gegeneinwände gezeigt, dass das traditionelle kosmologische Argument auch in unserer Zeit gut aufgestellt ist. Es kann jedoch nicht ausgeschlossen werden, dass eines Tages das Standardmodell der Kosmologie grundlegend verändert werden muss, so dass der Anfang der Welt in der Zeit nicht mehr Bestandteil des naturwissenschaftlichen Weltbildes wäre.

Auch in diesem Fall würde sich jedoch nichts an der Berechtigung des Einwandes ändern, den Leibniz vor gut 300

Jahren formuliert hat. Demnach ist es prinzipiell nicht möglich, allein auf der Grundlage naturwissenschaftlicher Forschung eine Erklärung der Welt zu formulieren, die den eigentlichen Seinsgrund umfassen könnte:

„Man wird daher, wie weit man auch auf frühere Zustände zurückgeht, niemals in den Zuständen einen vollen Grund finden, warum überhaupt eine Welt und warum eine solche besteht. Wenn man daher auch die Welt als ewig annimmt, so setzt man dennoch nichts als eine Folge von Zuständen, und man wird in keinem von ihnen einen zureichenden Grund finden."[73]

4. Das teleologische Argument und der Naturalismus

Auch das *teleologische Argument* gehört seit der griechischen Antike zum Kernbestand der Religionsphilosophie und liefert einen wichtigen Beitrag zur Diskussion um die Vernünftigkeit des Glaubens. Ähnlich wie beim kosmologischen Argument geht es dabei um Fragen aus der Schnittmenge von Schöpfungstheologie und Naturwissenschaften.

In den Diskussionen um das teleologische Argument ist zurzeit viel Bewegung und Dynamik zu beobachten. Das ist umso bemerkenswerter, als der traditionelle teleologische Beweis für lange Zeit als philosophisch und empirisch widerlegt galt. Gewichtige Einwände – unter anderem von David Hume und Charles Darwin – hatten dazu geführt, dass das Argument bis ins 20. Jahrhundert hinein außerhalb der Theologie kaum noch von Bedeutung war. In neuerer Zeit hat das Argument jedoch eine regelrechte Renaissance erlebt. Neue Erkenntnisse der Kosmologie, der Elementarteilchenphysik und verschiedener Bereiche der Biologie haben zu einer Wiederbelebung der Diskussion geführt. Die Debatte hat sich inzwischen zu einer wichtigen Plattform für die Auseinandersetzung von theistischen und naturalistischen Hypothesen entwickelt.

Ebenfalls auf das Prinzip der Teleologie bezieht sich die kreationistische These des *Intelligent Design*. Insbesondere evangelikale Christen interpretieren das teleologische Argument tendenziell fundamentalistisch und formulieren es in scharfem Widerspruch zur Evolutionstheorie. Damit verbreiten sie allerdings ein einseitiges und falsches Bild des christlichen Schöpfungsglaubens und nehmen nur scheinbar Anteil an ernsthaften wissenschaftlichen Debatten.

Der Ansatz des *Intelligent Design* wird insbesondere in Nordamerika vehement in die öffentliche Diskussion eingebracht. Um die Inhalte der theistischen Position klar benennen und in Abgrenzung zu den Behauptungen des Kreationismus formulieren zu können, werden die Erläuterungen zur Geschichte und Gegenwart des teleologischen Argumentes nun etwas ausführlicher ausfallen als beim kosmologischen Argument. Auf diese Weise sollte es möglich sein, Licht in die Gemengelage der verschiedenen Diskussionsebenen zu bringen.

4.1. William Paley: Das traditionelle teleologische Argument

Ausgangspunkt des teleologischen Argumentes ist ursprünglich das Staunen der Menschen über die Schönheit der Welt. Die harmonisch abgestimmte Ordnung des Kosmos wurde von zahlreichen Denkern aller Epochen als Hinweis auf die Existenz eines planenden und lenkenden Schöpfers gedeutet.

Die für die Neuzeit maßgebliche Variante des Argumentes geht auf den anglikanischen Theologen *William Paley* (1734–1805) zurück. Paley verdeutlicht das *design*-Argument (das Argument der *Planung* und *Gestaltung*) mit Hilfe der Uhrmacheranalogie: Man stelle sich vor, ein Mann wandere über die Heide und stoße mit seinem Fuß an einen Stein. Vermutlich ginge er davon aus, dass der Stein „von jeher" oder zumindest seit sehr langer Zeit dort gelegen habe. Wenn der Wanderer hingegen eine am Boden liegende Uhr fände, käme er höchstwahrscheinlich zu dem Schluss, dass sich die Dinge anders verhalten als mit dem Stein. Er ginge davon aus, dass es einen Uhrmacher geben müsse, der die Uhr geschaffen hat.

Paley versucht in dem Beispiel zu zeigen, dass es gute Gründe gibt, die diese Schlussfolgerung rechtfertigen. Anders als bei dem Stein seien die verschiedenen Teile der gefundenen Uhr nämlich offensichtlich „um eines Zweckes willen so und nicht anders geformt und zusammengesetzt"[74]. Weiter geht Paley davon aus, dass die Gültigkeit eines derartigen Schlusses in sich feststehe und nicht von weiteren Gesichtspunkten abhängig sei. So mache es zum Beispiel keinen Unterschied, ob der Finder der Uhr jemals bei der Herstellung von Uhren mit dabei gewesen sei oder bereits persönlich die Bekanntschaft eines Uhrmachers gemacht habe. Es wäre auch egal, ob er selber im Stande wäre, ein solches Kunstwerk zu schaffen oder ob er den Mechanismus der Uhr im Ganzen überhaupt nachvollziehen könnte. Selbst wenn die Uhr nur teilweise oder gar nicht funktionstüchtig sei, bliebe der Zweck der Maschine und der Plan des Uhrmachers offenkundig.

Wenn der Finder bei der weiteren Untersuchung der Uhr die Entdeckung machen würde, dass die Uhr sogar imstande sei, eine andere, ähnliche Uhr zu reproduzieren, und wenn er außerdem feststellte, dass die Bauweise der Uhr Systemeigenschaften beinhaltet, die auf den Zweck der Selbstrekonstruktion ausgelegt sind, so würde die Bewunderung des Finders für den so außergewöhnlich kunstfertigen Uhrmacher ohne Zweifel ins Unendliche gesteigert werden.

Im Anschluss an diese Überlegungen erklärt Paley die Analogie zwischen Gegenständen, die vom Menschen erzeugt werden, und den empirischen Phänomenen der Natur:

„Alle Merkmale von Kunst, alle Anzeichen von Plan, wie wir sie bei der Uhr entdecken, finden sich auch bei den Werken der Natur, nur mit dem Unterschiede, dass die letzteren außer allem Vergleich größer und zahlreicher sind. Die Werke der Natur lassen die der Kunst, was die Zartheit des Gefüges, die Feinheit und Sorgfalt des Mechanismus betrifft, unendlich weit hinter sich."[75]

Die große Vielfalt zweckmäßiger organischer Systeme im Bereich der menschlichen Anatomie, der Tier- und Pflanzenwelt versteht Paley als eindeutigen Hinweis auf die Existenz eines allmächtigen, planvoll und willentlich handelnden Schöpfergottes. Die Tatsache, dass dieser Gott die Welt nicht willkürlich, sondern entlang einer naturgesetzlichen Ordnung erschaffen habe, ermögliche es den mit Vernunft begabten Geschöpfen, die Größe des Schöpfers auf dem Wege der Naturerkenntnis zu erahnen.

Auf den ersten Blick scheinen Paleys Argumente durchaus einzuleuchten. Allerdings wurden schon sehr bald stichhaltige Einwände vorgebracht. David Humes *Dialoge über natürliche Religion* waren bereits eine Reihe von Jahren zuvor erschienen, so dass die Gültigkeit von Paleys Schlussfolgerung von Anfang an in Frage gestellt war. Später hat auch der englische Philosoph *John Stuart Mill* (1806–1873) die Argumentation von Paley kritisiert. Sein zentraler Einwand richtete sich gegen die Gott zugeschriebenen Eigenschaften von Allmacht und Allwissenheit. Es sei offensichtlich, dass der eigentliche Zweck der Schöpfung, nämlich die Erhaltung der Geschöpfe, bei weitem nicht erreicht werde. Im Gegenteil fördere die Maschinerie der Welt „bald Gutes, bald Böses und noch öfter beides zusammen zutage"[76]. Entweder sei die Welt daher von einem Schöpfer erschaffen worden, der sowohl gute als auch böse Absichten verfolgt habe, oder der Schöpfergott könne nicht allmächtig sein. Alles in allem sei die Erfahrung des unermesslichen Leides und der Ungerechtigkeiten der Welt nicht mit der Überzeugung zu vereinbaren, dass diese von einem allmächtigen und vollkommen guten Gott erschaffen worden sei. John Mill spricht damit das so genannte *Problem der Theodizee* an, das in Theologie und Religion bis heute von großer Bedeutung ist.[77]

Schließlich waren es die Entdeckungen von Charles Darwin, die den ausschlaggebenden Beitrag zur scheinbar endgültigen Widerlegung des *design*-Argumentes lieferten. Wie oben bereits besprochen, gelang es Darwin, die Entstehung komplexer Strukturen in der Natur allein auf Grundlage der Prinzipien der Evolution zu erklären. Das Handeln eines intelligenten Planers der Welt schien damit überflüssig geworden zu sein. Zur Diskussion um Paleys Argument bezog Darwin ganz eindeutig Stellung:

„Das alte Argument von William Paley, das mir früher so einleuchtend erschien, nämlich dass es in der Natur einen Plan gibt, ist nun – da das Gesetz der natürlichen Selektion entdeckt worden ist – nicht mehr gültig. So können wir nicht länger behaupten, dass das wunderschöne Scharnier einer Muschelschale von einem intelligenten Schöpfer gestaltet worden sei, so wie das Scharnier einer Tür vom Menschen. Wie es aussieht, verbirgt sich hinter der Vielfalt der Lebewesen und im Geschehen der natürlichen Selektion ebenso wenig ein höherer Plan wie in der Richtung, in die der Wind bläst. Alles in der Natur ist eine Folge von klaren Gesetzen."[78]

4.2. Richard Swinburne: Die Renaissance der Teleologie

Der Erfolg der Evolutionstheorie hatte zur Folge, dass das teleologische Argument in der Religionsphilosophie für lange Zeit keine besondere Rolle mehr spielte. Neue Erkenntnisse der Naturwissenschaften, aber auch neue philosophische Überlegungen haben dann jedoch dazu beigetragen, dass die Teleologie zurzeit wieder als ernstzunehmendes Argument wahrgenommen wird. Von besonderer Bedeutung ist hierbei ein Beitrag von Richard Swinburne, der eine viel beachtete Neuformulierung des *design*-Argumentes vorschlägt.

Swinburne stellt zunächst fest, dass sich der Grundgedanke teleologischer Argumente auf das Vorhandensein von Ordnungsstrukturen in der Welt bezieht. Diese Strukturen werden auf das Handeln und den Willen Gottes zurückgeführt. Swinburne unterscheidet nun zwischen „Regelmäßigkeiten der Co-Präsenz" und „Regelmäßigkeiten der Aufeinanderfolge".

Zunächst soll es um die Regelmäßigkeiten der Co-Präsenz gehen. Damit sind die Strukturen und geordneten Systeme gemeint, die man beobachten könnte, wenn man den Verlauf der Geschichte zu einem bestimmten Zeitpunkt anhalten und die Gegebenheiten untersuchen würde. Man käme dabei zu dem Ergebnis, dass in der Welt unzählige elementare und biologische Einzelteile so zusammenwirken, dass ein geordnetes Strukturgefüge entsteht. Die Welt ist geordnet, häufig wunderbar gestaltet und wird von einer großen Zahl von Lebewesen aller Art bevölkert. In den klassischen *design*-Argumenten, wie etwa bei William Paley, geht es ganz vorwiegend um diese Ordnungen der Co-Präsenz.

Swinburne zufolge funktioniert der Grundgedanke der traditionellen Teleologie wie folgt: Man konnte beobachten, dass Lebewesen die Fähigkeit besitzen, sich fortzupflanzen, und wusste, dass es seit Menschengedenken immer Pflanzen und Tiere gegeben hat. Vor diesem Hintergrund war es nicht verwunderlich, dass auch zu einem bestimmten, gegenwärtigen Zeitpunkt Lebewesen existieren. Die entscheidende Frage bestand darin, warum es offensichtlich schon immer Pflanzen und Tiere gegeben hat. Zur Zeit Paleys wusste man noch nichts von den Gesetzen der Evolution, und so schien es vernünftig zu sein, davon auszugehen, dass die ersten Pflanzen und Tiere vor einer endlich langen Zeit von Gott geschaffen worden seien.

Vor diesem Hintergrund versucht Swinburne zunächst, die logische Tragfähigkeit des traditionellen Argumentes zu verbessern, ohne jedoch den grundlegenden Ansatz zu verändern. Er bezieht sich daher weiter auf die Regelmäßigkeiten der Co-Präsenz, vermeidet es aber, Behauptungen aufzustellen, mit denen er zukünftigen naturwissenschaftlichen Erkenntnissen vorausgreifen könnte. Dabei geht er selbstverständlich davon aus, dass die Prinzipien der Evolution gültig sind. Demnach sind einfache Naturgesetze dafür verantwortlich, dass sich innerhalb eines sehr langen Zeitraums aus einfacher anorganischer Materie Pflanzen und Tiere entwickeln konnten. Ähnlich, wie es Menschen möglich ist, Maschinen zu konstruieren, deren Aufgabe es ist, selbst wieder Maschinen zu bauen, scheint die Natur in ihren Gesetzen eine Ordnungsstruktur zur Verfügung zu stellen, die sogar die Entstehung von Leben ermöglicht und begünstigt.

Swinburne geht es in seinem Argument nicht um die Existenz von einzelnen Lebewesen oder deren erstaunlichen Eigenschaften und Fähigkeiten. Stattdessen geht es um die Natur an sich und um die Gesetzmäßigkeiten, welche die Grundlage dafür sind, dass sich Leben in der Welt entwickeln konnte. Er versteht den Begriff der zielgerichteten Schöpfung nicht in der Weise, dass Gott vor langer Zeit eine große Zahl von Einzelgattungen der Pflanzen- und Tierwelt erschaffen habe, sondern die Welt als Ganzes, die selbst in der Lage ist, sich so zu entwickeln, dass Leben in ihr entsteht. Die ursprünglich ganz einfach strukturierte Natur wurde durch die Geltung der Prinzipien der Evolution in die Lage versetzt, im Laufe der Zeit immer komplexere und hochwertigere Strukturen und Organismen hervorzubringen.

Im Sinne der Teleologie geht Swinburne davon aus, dass man aus der Gültigkeit der Naturgesetze auf die Existenz eines intelligenten und mächtigen Schöpfers schließen könne.

Der Schöpfer verfolgt das Ziel, eine Welt zu erschaffen, die mit Leben erfüllt ist. Dafür wäre es nicht notwendig, jeweils unabhängig voneinander Pflanzen, Tiere und Menschen zu erschaffen. Er müsste lediglich eine Welt erschaffen, die sich wie eine Maschine verhält und nach einiger Zeit zur Entstehung von Leben führt.

In der Tat hat Swinburnes Argument einigen Charme. Ein Gott, der kein belebtes, sondern nur ein unbelebtes Universum erschaffen würde, entspräche nicht dem christlichen Gottesverständnis. Im Letzten geht es um ein Universum, das Leben beinhaltet. Insofern ist Swinburnes Gedanke, den Blick auf die Existenz von Leben zu richten, auch eine wichtige Ergänzung für das kosmologische Argument der Theologie.

Allerdings mahnt Swinburne von vorneherein zu Zurückhaltung. Man solle die Tragfähigkeit des Argumentes nicht überschätzen. Wenn es bei der Erschaffung des Universums tatsächlich in erster Linie darum gegangen sei, die Existenz von Leben hervorzubringen, wäre das Ergebnis zweifellos ziemlich ernüchternd. In der Milliarden Jahre währenden Geschichte des Universums existieren Lebewesen erst seit relativ kurzer Zeit. Angesichts der gewaltigen Ausmaße des Kosmos scheint die Zahl lebendiger Organismen nicht besonders groß zu sein und ist außerdem auf wenige Regionen des Universums beschränkt. Alles in allem verhält sich die Natur demnach „nicht sehr nachdrücklich“ wie eine Maschine, deren Existenzgrund es ist, Lebewesen hervorzubringen. Die argumentative Bedeutung des teleologischen Argumentes in dieser Form hält Swinburne daher für relativ gering.

Stattdessen favorisiert er eine Variante, die sich auf die *Regelmäßigkeiten der Aufeinanderfolge* bezieht. Wissenschaftliche Forschung ist nur deshalb möglich, weil die Ereignisse in der Welt nach einfachen Gesetzmäßigkeiten verlaufen. Man kann eindeutige Kausalzusammenhänge beobachten und auf dieser Grundlage zukünftige Ereignisse erfolgreich vorhersagen: „Obwohl das Universum ohne weiteres auch ein Chaos hätte sein können, ist es überaus geordnet."[79]

Es geht also nicht mehr um die Frage, warum die Naturgesetze gerade so geordnet sind, dass sie die Hervorbringung von Leben ermöglichen, sondern warum es überhaupt Naturgesetze gibt und die Welt nicht völlig ungeordnet und chaotisch ist. Wenn man die Welt aus naturalistischer Perspektive betrachten würde, wäre es wesentlich wahrscheinlicher, dass es keinerlei Ordnung im Universum gibt, als dass sie von klaren Prinzipien und Gesetzen strukturiert wäre.

Die Naturwissenschaften jedenfalls können auf die Frage, warum die Welt geordnet ist, keine Antwort geben. Mathematische Modelle können im besten Falle erklären, *wie* und *wann* die Naturgesetze entstanden sind. Auf die Frage, warum es *überhaupt* eine Ordnung gibt, erhalten wir keine Antwort.

4.3. Das Phänomen des *fine tuning*: Zufall, Naturgesetz oder Gottes Plan?

Richard Swinburne hatte gefragt, *warum* es im Universum eine Ordnung gibt und kein Chaos herrscht. Die Antwort auf diese Frage kann nicht von den Naturwissenschaften kommen, sondern nur von Philosophie und Theologie. Dennoch hat die Aktualität des teleologischen Argumentes auch mit einigen neueren naturwissenschaftlichen Beobachtungen zu tun. Bei der Klärung der Frage, *wie* die Ordnungsstrukturen des Universums ineinandergreifen, sind einige bemerkenswerte Details zutage gefördert worden. Die Physik beschreibt eine Reihe von Voraussetzungen, die erfüllt sein müssen, damit die Entwicklung von Leben im Universum möglich ist. Es handelt sich dabei um außerordentlich präzise aufeinander abgestimmte Parameter – also Größen, die einen bestimmten Wert haben –, die im Zusammenspiel der Elementarteilchen und der physikalischen Grundkräfte, aber auch der großräumigen Zusammenhänge den Aufbau eines geordneten Universums ermöglichen. Nach derzeitigem Stand der Wissenschaften können die Werte dieser Parameter nicht aus tiefer liegenden Naturprinzipien abgeleitet werden. Wie es aussieht, wird dies auf absehbare Zeit auch nicht gelingen. Die Festlegung der Werte hat vermutlich in der Frühphase des Universums, direkt nach dem Urknall, stattgefunden. Da in dieser Phase noch kaum oder gar keine Gesetze gültig waren, scheinen die Werte tatsächlich zufällig entstanden zu sein, und es wäre aus prinzipiellen Gründen nicht möglich, die Ereignisse wissenschaftlich zu rekonstruieren.

Dieses *fine tuning* (Feinabstimmung) bietet einigen Anlass zu Verwunderung. Aufgrund der Aussagen des Zweiten Hauptsatzes der Thermodynamik ist davon auszugehen, dass die Entstehung einer ungeordneten Welt sehr viel wahrscheinlicher wäre als die eines geordneten Universums. Mit anderen Worten: Die Ordnung des Kosmos ist aus naturwissenschaftlicher Sicht äußerst erstaunlich.

Die Dringlichkeit der Frage nach den Gründen für diese Feinabstimmung zeigt sich in der Elementarteilchenphysik und der Kosmologie. Auf eindrucksvolle Weise wird hier deutlich, wie unwahrscheinlich eine rein zufällige Entstehung des Universums wäre. Auch der amerikanische Physiker *Lee Smolin* weist auf zahlreiche Parameter hin, deren Werte sich von keinerlei Gesetzmäßigkeit ableiten lassen. Das Universum hätte demnach auch so entstehen können, „dass zwar exakt dieselben Naturgesetze gelten, diese Parameter jedoch andere Zahlenwerte annehmen“[80]. Umso erstaunlicher ist es, dass bereits minimale Abweichungen bei den Eigenschaften der Elementarteilchen, der physikalischen Grundkräfte und einiger kosmologischer Phänomene dazu führen würden, dass die Entstehung eines komplexen Universums von vorneherein ausgeschlossen wäre.

(1) So ist es beispielsweise enorm wichtig, dass die Differenz der Massen von Neutron und Proton sehr gering ist – sie liegt bei ungefähr einem Tausendstel des Eigengewichts der beiden Teilchen – und gleichzeitig exakt der doppelten Masse eines Elektrons entspricht. Würde man diese Masseverhältnisse auch nur geringfügig verändern, könnten sich keine Atomkerne bilden, und die Entwicklung eines hochstrukturierten Universums wäre undenkbar.

(2) Ähnliches gilt für den Wert der so genannten starken Wechselwirkung, die zu den vier grundlegenden Kräften der Physik gehört. Die starke Wechselwirkung ist zuständig für die Bindungen innerhalb des Atomkerns. Schon eine zweiprozentige Steigerung der Kraft dieser Wechselwirkung hätte zur Folge, dass die Bildung von Protonen nicht mehr möglich wäre. In diesem Fall hätte weder das relativ leichte Wasserstoffatom noch irgendeines der schwereren Atome entstehen können.

(3) Auch für die exakte Geschwindigkeit, mit der sich das Universum seit dem Urknallereignis ausgedehnt hat, scheint es keinen notwendigen Grund zu geben. Der amerikanische Physiker *Robert H. Dicke* (1916–1997) hat darauf hingewiesen, dass im Frühstadium des Kosmos bereits eine Verminderung der Ausdehnungsgeschwindigkeit um 0,1 Prozent zur Folge gehabt hätte, dass die Expansion schon bald wieder in eine Phase der Zusammenziehung übergegangen und schließlich kollabiert wäre. Demgegenüber hätte zum gleichen Zeitpunkt eine minimal größere Beschleunigung der Expansion dafür gesorgt, dass die gegenwärtige Ausdehnungsrate des Kosmos

um einen mehrtausendfachen Faktor höher wäre, als heutige Messungen ergeben. Die Bildung von größeren Materieansammlungen, die sich schließlich zu Sternen und Galaxien entwickelt haben, wäre in diesem Rahmen unmöglich gewesen. Spätere Berechnungen Robert Dickes weisen sogar darauf hin, dass zu dem Zeitpunkt, als das Universum erst eine Sekunde alt war, bereits eine Abweichung der Expansionsgeschwindigkeit um 0,001 Promille dazu geführt hätte, dass kein Leben im Kosmos hätte entstehen können.

Die Reihe dieser Beispiele ließe sich noch deutlich erweitern. Alles in allem ist von rund zwanzig Parametern der Elementarteilchenphysik auszugehen, die von der Physik als vorgegeben betrachtet und nicht vereinheitlicht werden können. Daneben gibt es auch im Bereich der Kosmologie einige Aspekte, die in vergleichbarem Maße aufeinander abgestimmt zu sein scheinen.

Diese Feinabstimmung verlangt nach einer Erklärung. Drei verschiedene Lösungsmöglichkeiten bieten sich an:

Es könnte sich um eine erstaunliche Häufung von Zufällen handeln, die sich vornehmlich in der Frühphase des Universums ereignet hätten. Lee Smolin hat den Versuch unternommen, das Ausmaß eines zufälligen *fine tuning* genauer zu bestimmen. Der Wert bemisst die Wahrscheinlichkeit, mit der rein zufällig ein Universum wie das unsere hätte entstehen können. Dabei errechnet er eine unvorstellbar kleine Wahrscheinlichkeit von 1 zu 10^{226} (!). Auch wenn es kritische Einwände zur Sinnhaftigkeit und Aussagekraft dieser Berechnung gibt,[81] ist das Ergebnis doch eindeutig. Es gibt Aufschluss darüber, wie problematisch es wäre, das *fine tuning* als solches zu akzeptieren. Es muss einen echten Grund geben, der die Feinabstimmung erklärt.

Auch wenn es heutzutage so aussieht, als könnte das *fine tuning* aus prinzipiellen Gründen nicht erklärt werden, ist es denkbar, dass zukünftige Forschungen zu einem anderen Ergebnis kommen. Möglicherweise gibt es tatsächlich eine einfache und elegante naturwissenschaftliche Lösung der Phänomene. Aus theologischer Sicht wäre dieser Weg grundsätzlich völlig unproblematisch. Allerdings gibt es zum jetzigen Zeitpunkt keinen Hinweis, wie eine solche Theorie aussehen könnte. Stattdessen kursieren verschiedene naturalistische Vorschläge, die zwar den Grad der Unwahrscheinlichkeit der Feinabstimmung reduzieren, aber keine Begründung im eigentlichen Sinn liefern.

Man kann das *fine tuning* auch als Hinweis auf die Richtigkeit der Schöpfungshypothese deuten. Wenn sich die Festlegung der Parameter scheinbar willkürlich in einer vollkommen ungeordneten Frühphase des Universums ereignet hätte, würde es den Gesetzen der Physik nicht zuwiderlaufen, wenn Theisten davon ausgehen, dass der Schöpfer die Parameter in der Weise bestimmt hätte, dass sie die Entstehung von Leben ermöglichen.

Zu bedenken bleibt allerdings, dass eine derartige Deutung des *fine tuning* zwar grundsätzlich möglich, aber nicht ganz unproblematisch ist. Einerseits wäre die theistische Lösung vollkommen konsonant mit dem jetzigen Stand der Wissenschaften. Wenn es tatsächlich keine naturgesetzliche Grundlage für die Feinabstimmung gibt, würde der Hinweis auf ein Handeln Gottes eine schlüssige Erklärung liefern. Es ginge um eine Antwort auf die Frage, warum das Universum überhaupt geordnet und nicht von Anfang an chaotisch ist. In diesem Fall hätte man es tatsächlich mit einem starken und belastbaren teleologischen Argument zu tun.

Andererseits wäre es genauso vorstellbar, dass sich in Zukunft eine naturwissenschaftliche Erklärung findet, die erklärt, wie die Parameter entstanden sind. Auch in diesem Fall könnte man das teleologische Argument aufrechterhalten. Der Schöpfungswille Gottes wäre dann nach theistischer Auffassung der Grund dafür, warum *gerade diese* Naturgesetze gelten, auf deren Grundlage sich Leben entwickeln kann, und nicht andere, die lebensfeindlicher strukturiert wären. Bei einem solchen teleologischen Argument würde es sich allerdings – mit den Worten Richard Swinburnes – nur noch um ein „Argument der Co-Präsenz" handeln. Rein logisch betrachtet wäre diese Behauptung denkbar; es würde sich allerdings nicht um ein besonders stichhaltiges Argument für den Glauben an die Existenz Gottes handeln.

4.4. Das anthropische Prinzip

Aus der Sicht des Naturalismus wird das Phänomen des *fine tuning* als unbefriedigend empfunden und bedarf einer Auflösung. Eine zufällige Feinabstimmung der verschiedenen Parameter wäre extrem unwahrscheinlich und eine wissenschaftliche Erklärung ist nicht in Sicht. Das erklärte Ziel besteht daher in der Formulierung einer Theorie, die ohne Randbedingungen und Konstanten auskommt.

In gewisser Weise existiert mit dem so genannten anthropischen Prinzip (von griechisch *anthropos* – der Mensch) bereits eine Erklärung für das *fine tuning*. Der Grundgedanke des Prinzips wurde erstmals im Jahre 1961 von Robert Dicke angedacht und seit 1970 von dem Australier *Brandon Carter* näher ausgearbeitet. Carter ist davon überzeugt, dass es eine grundlegende naturwissenschaftliche Erklärung des *fine tuning* geben müsse. Da diese Erklärung bisher jedoch nicht vorliege, sei es sinnvoll, zunächst eine praktikable Zwischenlösung zu formulieren: das anthropische Prinzip.

Diesem Prinzip zufolge können intelligente Lebewesen nur dann existieren, wenn es tatsächlich so etwas wie ein *fine tuning* gibt. Die Werte einer ganzen Reihe von Parametern und

Konstanten müssen sich innerhalb eines bestimmten, relativ schmalen Korridors bewegen. Lägen die Werte außerhalb dieses Bereichs, dann würden keine Beobachter existieren, die die Möglichkeit hätten, die Werte zu beschreiben. Wenn also Menschen die Ordnung der Welt untersuchen, dann werden sie in jedem Fall feinabgestimmte Naturkonstanten vorfinden – weil genau *das* die notwendige Voraussetzung für das Vorhandensein menschlicher Beobachter ist.

Es liegt auf der Hand, dass das anthropische Prinzip die Existenz des Universums nicht im eigentlichen Sinn erklären kann. Dennoch können Naturalisten auf diese Weise der Aussage aus dem Wege gehen, dass die Welt aus bloßem Zufall entstanden oder gar die Folge eines göttlichen Handelns sei.

Brandon Carter formuliert das Prinzip weiter aus und unterscheidet zwischen einem *schwachen* und einem *starken anthropischen Prinzip*. Das schwache anthropische Prinzip besagt lediglich, dass Wissenschaftler bei der Untersuchung der Welt immer von einem gewissen Erwartungshorizont ausgehen müssen – eben, weil sie selbst existieren. Wenn es menschliche Beobachter gibt, muss der Kosmos feinabgestimmt geordnet sein.

Das starke anthropische Prinzip hingegen geht über das schwache Prinzip hinaus. Carter ist davon überzeugt, dass es einen echten Grund für das *fine tuning* gibt und dass man daraus – obwohl man diesen Grund zurzeit noch gar nicht kennt – schon jetzt gewisse Voraussagen für die Zukunft ableiten könne. Dabei bezieht er sich auf die oben bereits erwähnte, nicht unumstrittene Viele-Welten-Interpretation der Quantenmechanik. Es gehört zu den Prinzipien der Quantenphysik, dass man den exakten Weg, den ein Elementarteilchen zwischen zwei Punkten zurücklegt, nicht genau bestimmen, sondern nur noch Wahrscheinlichkeitswerte angeben kann. Zu diesem Zweck benennt die Quantenphysik eine Wellenfunktion ψ (gesprochen: *Psi),* in der alle möglichen Wege enthalten sind, die das Teilchen zurücklegen könnte. Die Viele-Welten-Interpretation geht nun davon aus, dass ψ nicht nur den Raum beschreibt, innerhalb dessen sich der eigentliche Weg des Teilchens realisiert, sondern dass alle mathematisch zugelassenen Wege innerhalb dieser Funktion real sind. Diese Deutung lässt sich auf die komplette Geschichte des Universums übertragen. Demnach gibt es eine Gesamtmenge aller mathematisch denkbaren Universen, die alle möglichen Anfangsbedingungen und Varianten von Parametergrößen umfasst. Wegen der Notwendigkeit des *fine tuning* ist jedoch nur ein sehr kleiner Teil dieser Gesamtmenge von Universen so beschaffen, dass sich innerhalb des jeweiligen Universums lebendige Organismen entwickeln können. Auf diese Teilmenge von Universen bezieht sich das starke anthropische Prinzip. Nur diese Universen wären demnach zugelassen, um in der Funktion ψ realisiert zu werden.

Im Grunde kann man Carters Argumentation wie folgt zusammenfassen: Ausgangspunkt ist die Überzeugung, dass der gesamte Verlauf der Welt naturgesetzlich geregelt ist. Konstanten und Parameter entstehen demnach nicht zufällig, sondern auf der Grundlage exakter physikalischer Vorgaben. Aus der Existenz des Menschen lässt sich daher schließen, dass es einen echten Grund dafür geben muss, dass die Parameter genau diejenigen Werte angenommen haben, die wir messen können. Bezogen auf die Viele-Welten-Interpretation der Quantenmechanik bedeutet das: Es muss ein Naturgesetz geben, das dafür sorgt, dass nicht alle denkbaren Universen entstehen, sondern nur genau diejenige Teilmenge von Universen, in der die Entwicklung von Leben möglich ist.

Was lässt sich nun mit dem anthropischen Prinzip anfangen? Hat es überhaupt einen wissenschaftlichen Wert, wenn

Forscher wie Stephen Hawking eine Frage nach physikalischen Ursachen so beantworten: „Im Grunde kann man sagen, dass die Isotropie [die ein Bestandteil des *fine tuning* ist, *T. D.*] des Universums eine Folge der Tatsache ist, dass wir existieren“[82]?

Zunächst gilt es festzustellen: Das schwache anthropische Prinzip bringt keinen echten Erkenntniszugewinn und ist im Grunde trivial: Der Hinweis, dass die Ordnungsstrukturen eines Universums, in dem Menschen leben, genau so sein müssen, dass alle Voraussetzungen für die Entwicklung ebendieser Menschen gegeben sind, erklärt gar nichts und ist ein Zirkelschluss. Auch in Bezug auf das *fine tuning* kann man vom anthropischen Prinzip nichts über die tatsächlichen Ursachen erfahren. Richard Swinburne verdeutlicht dies anhand eines drastischen Beispiels:

> „Angenommen, ein Irrer entführt ein Opfer und sperrt es in einen Raum mit einer Kartenmischmaschine ein. Die Maschine mischt gleichzeitig zehn Päckchen, zieht dann aus jedem Päckchen eine Karte und zeigt sie alle zusammen dem Opfer. Der Entführer informiert sein Opfer, dass er die Maschine in Kürze in Gang setzen und diese dann dem Opfer die erste Ziehung präsentieren werde; falls die Ziehung nicht zehnmal Herz-As ergebe, werde die Maschine gleichzeitig eine für das Opfer tödliche Explosion auslösen, so dass es keine Gelegenheit mehr hätte, die tatsächlich gezogenen Karten zu sehen. Die Maschine wird also in Gang gesetzt, und zum Erstaunen und zur Erleichterung des Opfers zieht sie ausschließlich Herz-As. Das Opfer meint, diese außerordentliche Tatsache bedürfe einer Erklärung, etwa in der Form, dass die Maschine vorher manipuliert worden sei. Der wieder erschienene Entführer bezweifelt jedoch diese Vermutung und meint: ‚Es ist keineswegs überraschend, dass die Maschine zehnmal Herz-As gezogen hat. Sie hätten unmöglich etwas anderes sehen können. Denn Sie stünden nicht mehr hier und könnten überhaupt nichts mehr sehen, wenn die Maschine andere Karten gezogen hätte.‘“[83]

Es ist offensichtlich, dass das Argument des Entführers sehr schwach ist. Die Tatsache, dass die Maschine zehnmal Herz-

As gezogen hat, ist – und bleibt – in der Tat sehr ungewöhnlich. Sie kann als Ergebnis eines außerordentlichen Zufalls gedeutet werden, macht es aber in jedem Fall notwendig zu überprüfen, ob nicht durch äußeres Eingreifen in die Ausgangsbedingungen der Grad an Unwahrscheinlichkeit reduziert worden ist. Die Tatsache, dass die entführte Person die Prozedur überlebt hat, ist lediglich ein Hinweis darauf, dass die zufällige Ziehung etwas Besonderes und Bemerkenswertes ist. Ein Grund oder eine Erklärung kann daraus jedoch nicht abgeleitet werden.

Anders als die schwache Version formuliert das starke anthropische Prinzip eine anspruchsvolle inhaltliche These. Allerdings muss hier gleich in zweifacher Hinsicht nachgefragt werden. Zum einen stützt sich Carter auf die Viele-Welten-Interpretation der Quantentheorie. Diese war jedoch von Anfang an umstritten, da sie die reale Existenz von quantenphysikalischen Vorgängen behauptet, für die es keine weiteren Anhaltspunkte gibt. Zum anderen unterstellt Carter, dass es eine mathematische Begründung des *fine tuning* gibt, die derzeit noch nicht bekannt ist. Es ist reichlich kühn, auf der Grundlage dieser These ein Prinzip zu formulieren und möglichen zukünftigen Erkenntnissen vorauszugreifen. In jedem Fall handelt es sich um eine derzeit nicht zu beweisende Behauptung.

Aus Sicht des teleologischen Argumentes ist zu bedenken, dass Carter nicht davon ausgeht, dass der Mensch das Ziel der Natur sei. Die Existenz von Leben deutet er nicht als Ziel, sondern lediglich als Ergebnis der naturgesetzlichen Beschaffenheit der Welt. Auch grundsätzlich steht er nicht auf dem Standpunkt, dass die Natur ein Ziel verfolgt. Er geht davon aus, dass die Vorhersagen des anthropischen Prinzips durch ein Naturgesetz begründet werden – und nicht durch die Existenz des Menschen. Dennoch wäre es zweifellos bemerkenswert, wenn die Gesetze der Natur exakt darauf angelegt wären, dass die Entwicklung von Leben möglich ist – und sich dieses dann auch tatsächlich ereignet. Dies zu werten ist jedoch keine Frage der Naturwissenschaften, sondern der Naturphilosophie und der Theologie.

Alles in allem bietet keine der Varianten des anthropischen Prinzips einen echten Grund für das Phänomen der Feinabstimmung. Dennoch ist das anthropische Prinzip an sich nicht wertlos. Es besitzt, wie Bernulf Kanitscheider anmerkt, „Hinweischarakter und fordert auf, nach neuen Wirkungszusammenhängen zu suchen."[84]

Damit lenkt es den Blick auf eine breite Erklärungslücke der Elementarteilchenphysik und der Kosmologie. In Bezug auf das teleologische Argument kann man zusammenfassen: Der einzige Punkt, in dem sich ein Gegensatz zwischen dem anthropischen Prinzip und der Teleologie abzeichnet, besteht in der Frage, ob es eine mathematische Ursache für das *fine tuning* gibt, oder ob – wie man aus theistischer Sicht vermuten könnte – das Handeln Gottes hierfür verantwortlich wäre. Das anthropische Prinzip geht davon aus, dass es eine mathematische Lösung des *fine tuning* gibt, während das teleologische Argument die Möglichkeit des Handelns Gottes ins Feld führt. Grundsätzlich sind beide Varianten denkbar und plausibel. Allerdings muss sich das starke anthropische Prinzip auf die umstrittene Viele-Welten-Interpretation der Quantenmechanik berufen und hat daher eher die schlechteren Karten. Letztlich ist diese Diskussion aber nicht entscheidend. Viel wichtiger ist, dass die Aussage von Swinburnes teleologischem Argument von beiden Varianten des anthropischen Prinzips unberührt bleibt. Es bleibt dabei, dass die Teleologie einen wichtigen philosophischen Hinweis auf die Existenz Gottes zu geben vermag.

4.5. Multiversum I: Die Theorie des oszillierenden Universums

Die Frage des *fine tuning* ist weiterhin ungelöst. Die Bandbreite der Erklärungsversuche reicht von einfachen Überlegungen, es könne sich um einen bloßen Zufall handeln, über das schwache und starke anthropische Prinzip bis hin zur theistischen Hypothese, Gott selbst sei der Grund für die Feinjustierung der Welt. Da eine mathematische Klärung des Problems nicht in Sicht ist, suchen Naturalisten nach anderen Möglichkeiten, wie die enorme Unwahrscheinlichkeit eines zufälligen *fine tuning* reduziert oder gar ausgeglichen werden könnte. Dabei scheint es fast, als sei die große Zahl der Vorschläge proportional zur Kreativität der Hypothesen. Gleich mehrere Varianten bringen die Idee eines so genannten *Multiversums* ins Spiel. Dabei geht es inhaltlich darum, dass das beobachtbare Universum nur eine kleine, in sich abgeschlossene Region des großen Multiversums sei, das sich aus zahllosen Einzeluniversen zusammensetzt.

Einige der Vorschläge beziehen sich auf die Theorie des oszillierenden Universums, andere auf Hugh Everetts Viele-Welten-Interpretation der Quantenmechanik und eine dritte Variante schließt sich Alan Guths Modell des inflationären Universums an. Allen gemeinsam ist jedoch der Gedanke, dass es eine gewaltige Zahl unabhängig voneinander existierender Universen gibt, in denen jeweils andere physikalische Grundbedingungen herrschen. Die Möglichkeit, dass sich in mindestens einem der Universen die Parameter zufällig in dem Korridor bewegen, innerhalb dessen die Entwicklung von Leben realisierbar ist, würde damit an Wahrscheinlichkeit zunehmen. Wenn man etwa die Existenz von einer Million Paralleluniversen annähme, würde sich die Unwahrscheinlichkeit des *fine tuning* um den Faktor eine Million reduzieren. Da die naturalistischen Vorschläge zum Teil sogar von einer nahezu unendlich großen Menge an Universen ausgehen, könnte es durchaus wahrscheinlich sein, dass sich in mindestens einer dieser Welten Leben entwickelt.

In diesem und den beiden folgenden Kapiteln werden insgesamt drei Varianten der Multiversumstheorie kurz vorgestellt und kritisch hinterfragt. Es handelt sich dabei um je einen Vorschlag zur Oszillationstheorie, zur Viele-Welten-Interpretation und zum Modell des inflationären Universums.

Zunächst soll die Theorie des oszillierenden Universums näher untersucht werden, die bereits im Zuge der Diskussion um das kosmologische Argument vorgestellt wurde. Es geht um die These, dass die derzeitige Expansionsphase des Universums, die im Rahmen der Urknalltheorie beschrieben wird, nur eine kurze Episode in der Geschichte des Kosmos ausmache. Der Verlauf der Welt würde sich demnach als sehr große, eventuell sogar ewige Folge von Ausdehnungs- und Zusammenziehungsphasen darstellen. Jeder Zyklus wäre durch eine Singularität von den vorhergehenden und den sich anschließenden Zyklen vollkommen entkoppelt. In Bezug auf die Naturkonstanten und Wirkweisen der Grundkräfte würden mit dem Beginn eines jeden Zyklus die Karten neu gemischt. Die Massewerte der Elementarteilchen, die symmetriebrechenden Phasen und die Geschwindigkeit der Expansion könnten in der langen Abfolge zahlloser Zyklen des oszillierenden Universums jeden denkbaren Wert einnehmen. Es wäre durchaus wahrscheinlich, dass in einem dieser Zyklen genau die Bedingungen herrschen würden, die benötigt werden, damit sich Leben entwickeln kann.

Bei genauerer Untersuchung dieses Vorschlags treten jedoch eine Reihe entscheidender Fragen auf.

Schon im Kontext des kosmologischen Modells war darauf hingewiesen worden, dass nach derzeitigem Kenntnisstand das Universum nicht über die kritische Dichte verfügt, die notwendig wäre, damit die aktuelle Expansionsphase beendet und eine Phase der Zusammenziehung eingeleitet werden könnte. Das Universum scheint für alle Zukunft zu expandieren. Das Oszillationsmodell wäre von vorneherein gescheitert.

Über diesen grundlegenden Einwand hinaus ist ein weiterer Aspekt von Bedeutung. Entsprechend den Gesetzen der Thermodynamik wäre mit jedem neuen Zyklus, den das Universum im Oszillationsmodell durchlaufen würde, eine Zunahme an Entropie, das heißt von Unordnung, zu erwarten. Anhand der Entropiewerte, die gegenwärtig im Kosmos gemessen werden, lässt sich mit großer Sicherheit ableiten, dass bisher nicht mehr als einhundert solcher Zyklen stattgefunden haben könnten. Dies reicht bei weitem nicht aus, um die Wahrscheinlichkeit eines zufälligen *fine tuning* in nennenswertem Umfang zu steigern.

Selbst wenn man die Zahl von einhundert Zyklen für ausreichend hielte, würde sich zeigen, dass das Oszillationsmodell kaum in der Lage wäre, die Hoffnungen zu erfüllen, die von naturalistischer Seite an es herangetragen werden. Alan Guth hat im Jahre 1983 gemeinsam mit dem amerikanischen Physiker *Marc Sher* zeigen können, dass auch für den Fall, dass das derzeitige Universum geschlossen ist und eines Tages wieder in sich zusammenfällt, nicht davon auszugehen wäre, dass sich hieraus eine neue Ausgangssingularität entwickeln würde. Es gibt keine relevanten wissenschaftlichen Erkenntnisse, die die Theorie des oszillierenden Universums grundlegend stützen und glaubhaft machen könnten.

Aus Sicht der Befürworter des Oszillationsvorschlags ist der Befund der kosmologischen Daten ernüchternd. Es handelt sich um einen Vorschlag, der *per definitionem* empirisch nicht überprüft werden kann, gleichzeitig die Existenz zahlloser unbekannter Welten vorschlägt und mathematisch auf unsicherem Boden steht. Es ist daher kaum nachvollziehbar, warum einige Naturalisten weiter an diesem Vorschlag festhalten.

4.6. Multiversum II: Die Viele-Welten-Deutung der Quantentheorie

Sowohl Stephen Hawking als auch Brandon Carter haben sich bei der Begründung ihrer jeweiligen Vorschläge zur Quantengravitationstheorie und zum starken anthropischen Prinzip auf die Viele-Welten-Deutung der Quantentheorie bezogen. Auch eine ganze Reihe weiterer naturalistischer Theorien stützt sich auf diese Auslegungsvariante der Quantenphysik.

Der grundlegende Gedanke der Viele-Welten-Deutung besteht in der Hypothese, dass eine sehr große, möglicherweise unendliche Menge von Universen existiert, in denen alle denkbaren Kombinationen von Randbedingungen und physikalischen Grundkonstanten verwirklicht sind.

Es liegt auf der Hand, dass diese Hypothese nur schwer begründet werden kann. Hugh Everett III. hatte sie als Alternative zur Kopenhagener Deutung der Quantenmechanik entwickelt. Tatsächlich hat sich gezeigt, dass beide Modelle in empirischer Hinsicht ähnlich brauchbar sind, weil sich aus ihnen dieselben Vorhersagen ableiten lassen. Inhaltlich beziehen sie sich auf die bereits erwähnte Wellenfunktion ψ, mit deren Hilfe die Quantenphysik alle möglichen Wege beschreibt, die ein Elementarteilchen zurücklegen kann. Ψ beschreibt eine Art Überraum der untersuchten Teilchen. Für Niels Bohr, Max Planck und Werner Heisenberg stand es außer Zweifel, dass es sich bei diesem Überraum nicht um ein reales Phänomen handelt, sondern lediglich um ein mathematisches Instrument, mit dessen Hilfe Forscher die Wahrscheinlichkeiten für die Ergebnisse von Messungen ableiten können. Gemäß der Kopenhagener Deutung liegt es in der Natur der Quantenprozesse, dass sie sich mit den Begriffen der Alltagsphysik nur komplementär beschreiben lassen, das heißt also mit Begriffen, die sich ergänzen, obwohl sie widersprüchlich zu sein scheinen. Das Resultat des konkreten Experiments hängt dann unter anderem von der Rolle des Beobachters selbst ab, da dieser durch die Beobachtung notwendigerweise in das Quantensystem eingreifen muss.

Von dieser Deutung unterscheidet sich Everetts Interpretation grundlegend. Er geht davon aus, dass jeder der durch ψ beschriebenen möglichen Zustände auch tatsächlich in der Realität existiert. Allerdings könnte ein Wissenschaftler, der diesen Sachverhalt untersuchen möchte, hierfür niemals einen empirischen Beleg erhalten. Die verschiedenen Quantenzustände würden ausschließlich in den jeweiligen Parallelwelten zustande kommen. Stephen Hawking erläutert mit einigen eindrucksvollen Beispielen, was sich hinter der Viele-Welten-Deutung der Quantenphysik verbergen könnte. Demnach geht es darum,

> „dass es (…) nicht nur eine einzige Geschichte für das Universum gibt, sondern eine ganze Familie möglicher Geschichten. Diese Geschichten können sich (…) gleichen, in normalen, alltäglichen Größenverhältnissen aber erhebliche Unterschiede aufweisen. Wir leben in einer bestimmten Geschichte. (…) Doch es gibt ähnliche intelligente Lebewesen in Geschichten, die sich etwa darin unterscheiden, wer den Krieg gewonnen hat und welche Platten in die Hitparade kommen.“[85]

Es ist offensichtlich, dass diese Behauptungen allem widersprechen, was man für vernünftig halten würde.

Allerdings gibt es ernstzunehmende Hinweise darauf, dass es gar nicht angemessen ist, die Viele-Welten-Deutung im Sinne Hawkings zu interpretieren. Nach den Erkenntnissen von *Richard A. Healy* ist es auch kaum möglich, sie zur Lösung des Phänomens der Feinabstimmung heranzuziehen. Die „Welten", die Everett vorschlägt, wären demnach keine komplexen Gebilde oder gar Universen, sondern lediglich dreidimensionale Ausschnitte des quantenmechanischen Überraums.[86]

Es ist daher nicht weiter erstaunlich, dass die Viele-Welten-Deutung unter Naturwissenschaftlern nicht besonders beliebt ist. Ganz zweifellos gibt die übergroße Zahl von Physikern der Kopenhagener Deutung den Vorzug gegenüber den Vorschlägen Hugh Everetts.

4.7. Multiversum III: Blasen-Universen und Inflation

Die vielversprechenden Vorschläge, die Alan Guth mit seinem Modell des inflationären Universums unterbreitet hat, sind in der Diskussion um das kosmologische kālam-Argument bereits ausführlich besprochen worden. Demnach müsste das Urknallmodell um einige Details ergänzt werden. In der ersten Frühphase hätte sich das Universum mit extremer – inflationärer – Geschwindigkeit ausgedehnt. Neben den bekannten Symmetriebrechungen, aus denen die Grundkräfte der Physik hervorgegangen sind, hätte dann ein Phasenübergang vom falschen ins wahre Vakuum stattgefunden. Dieser Phasenübergang wäre nicht nur für die rasante Ausdehnungsgeschwindigkeit des frühen Kosmos verantwortlich, sondern auch für die Entstehung der Materie aus dem mit Higgs-Feldern angefüllten falschen Vakuum.

Einer der gewichtigsten Einwände gegen Guths Vorschlag resultiert aus der Frage, wie der Phasenübergang vom falschen ins wahre Vakuum hätte beendet werden können. In diesem Zusammenhang ist es dem russischen Physiker *Andrej D. Linde* im Jahre 1982 gelungen, eine verbesserte Variante des inflationären Universums *(a new inflationary scenario)* zu entwickeln. Die Theorie von Linde beinhaltet einen neuen Vorschlag, der das Problem des Vakuumphasenübergangs in neuem Licht erscheinen lässt.

Im Kern geht es bei dem neuen Inflationsmodell darum, dass der Kosmos bis heute inflationär expandiert, der gesamte für Menschen sichtbare Teil des Universums sich jedoch inmitten einer einzigen Blase *(bubble)* befindet. Da der Entstehungsprozess einer jeden Blase dem Szenario eines räumlich begrenzten Urknalls sehr ähnlich und die Blasen in sich völlig geschlossen wären, bezeichnet Alan Guth sie als „Taschenuniversen". Das Gesamtuniversum bestünde demnach aus einem erstrangigen inflationär expandierenden Kosmos sowie aus unzähligen Taschenuniversen unterschiedlichsten Alters. Die Entwicklung dieser Einzelwelten ließe sich nach einer bestimmten Zeit nicht mehr von der eines wirklich universalen Universums unterscheiden.

Die Vorteile dieses Gedankens liegen auf der Hand. Es wäre nicht weiter notwendig zu fragen, wie der Prozess vom falschen ins wahre Vakuum hätte abgeschlossen werden können. Alle Erklärungen und Vorhersagen des klassischen Inflationsmodells hingegen könnten auch von Lindes Theorie geleistet werden.

In Bezug auf das teleologische Argument hat es gravierende Konsequenzen, wenn die Theorie des inflationären Universums jetzt im Sinne eines Multiversums interpretiert wird. Es scheint, als könne man das *fine tuning*-Problem auf diese Weise tatsächlich lösen. Wenn zahllose autonome Taschenuniversen existieren würden, die jeweils für sich genommen aus einem urknallähnlichen Geschehen entstanden wären, dann wäre es sogar wahrscheinlich, dass die Symmetriebrechungen in einer der Taschen zur Herausbildung einer Welt führten, in der sich Leben entwickeln könnte.

Bei genauerem Hinsehen zeigen sich jedoch entscheidende Schwierigkeiten in Bezug auf die Vernünftigkeit und Plausibilität der Theorie. Zunächst verfügt das neue Inflationsmodell keineswegs über eine ausreichende empirische Absicherung. Dies allein würde noch keinen grundsätzlichen Einspruch rechtfertigen; auch bei der Urknalltheorie hatte es Jahrzehnte gedauert, bis die Vorhersagen von Lemaître und Gamov experimentell nachgewiesen werden konnten. Im Fall des neuen Inflationsszenarios liegen die Dinge jedoch anders. Das Modell beinhaltet – wie Guth selbst formuliert – „keine direkt überprüfbaren Vorhersagen"[87].

Dieser schwerwiegende Nachteil ist in der Grundkonstruktion der Blasentheorie selbst angelegt. Den gesamten erforschbaren Teil der Welt bezeichnen Linde und Guth als Taschenuniversum. Gleichzeitig behaupten sie, dass in einem derartigen Teiluniversum „im wesentlichen sämtliche Hinweise, die Aufschluss über die Zeit vor der Inflation geben könnten, vollständig ausgelöscht" wären.[88] Einerseits behaupten die Blasentheoretiker also, der Kosmos sei um ein Unendliches größer und komplexer, als man je vermutet hatte; und andererseits erheben sie die Grenzen unseres eigenen Taschenuniversums zur „absoluten Schranke der Erkenntnis."[89]

Was soll man mit einer Theorie anfangen, die – im wahrsten Sinne des Wortes – gewaltige Hypothesen in den Raum stellt und gleichzeitig darauf beharrt, dass ihre Aussagen selbstverständlich nicht nachgeprüft werden können? Wie soll man es verstehen, dass die Protagonisten derartiger Hypothesen nicht müde werden, die wissenschaftliche Präzision ihrer Vorschläge und ihre persönliche weltanschauliche Neutralität zu betonen?

Es fällt schwer, etwas einzuwenden gegen die kritischen Anmerkungen, die der schwedische Religionsphilosoph

Mikael Stenmark gegenüber der vorgeblichen Objektivität von Naturalismus und Szientismus formuliert:

„Ich bin der Überzeugung, dass viele der Forderungen, von denen der Szientismus behauptet, sie seien wissenschaftlich, es in Wirklichkeit nicht sind. Diese Forderungen sollten daher auch nicht im Namen der Wissenschaften vertreten werden. (…) Szientismus ist in aller Regel eine Verbindung von bestimmten wissenschaftlichen Theorien und einer spezifischen (…) Weltanschauung, nämlich dem Naturalismus.“[90]

4.8. Exkurs: Kreationismus und *Intelligent Design*

Das teleologische Argument kann auf eine einigermaßen wechselhafte Geschichte zurückblicken. Die Neuformulierung durch Richard Swinburne und das Phänomen des *fine tuning* in der Physik haben jedoch neue Dynamik in die aktuelle Diskussion gebracht. Seit den sechziger Jahren des 20. Jahrhunderts erheben sich im Kontext dieser Debatte zunehmend auch die Stimmen evangelikaler Christen, die ein wortwörtliches Verständnis der biblischen Texte mit einer zutiefst wissenschaftskritischen Grundeinstellung verbinden. Während sich die Verbreitung kreationistischer Inhalte für lange Zeit auf die beiden amerikanischen Kontinente beschränkt hatte, findet die Idee inzwischen auch vermehrt Anhänger in Europa.

Der Kreationismus präsentiert sich als Sachverwalter einer schrifttreuen Bibelinterpretation und geht davon aus, dass die Erde vor rund 6000 Jahren erschaffen worden sei. Der Schöpfer verfolgt demnach seinen Plan zur Gestaltung der Welt, indem er regelmäßig auf direkte Weise in das Naturgeschehen eingreift und den Verlauf der Geschichte massiv beeinflusst. Kreationisten sind davon überzeugt, dass sich die Vorgaben des göttlichen Plans zweifelsfrei in der Natur widerspiegeln. Der Kreationismus behauptet damit das genaue Gegenteil der Evolutionstheorie, die nicht von einer planvollen, sondern einer natürlichen und ziellosen Entwicklung der Welt von der einfachen, leblosen Materie hin zur Existenz komplexer Lebewesen ausgeht.

Die kreationistische Theorie wird häufig als „Schöpfungslehre" bezeichnet und positioniert sich als religiöser Gegenentwurf zur Evolutionstheorie. Kreationisten vermuten daher ähnlich wie William Paley – der freilich im 18. Jahrhundert von den Prinzipien der Evolution nicht viel wissen konnte –, dass Gott die Arten einzeln erschaffen und ins Leben gerufen habe. Die Vielfalt und Schönheit der Natur und des Lebens wird damit kaum noch auf die grundlegende naturgesetzliche Ordnung zurückgeführt, sondern zu einem großen Teil auf das unmittelbare Eingreifen Gottes.

Die Position der Kreationisten wird auch als *Intelligent Design* (intelligenter Entwurf) bezeichnet und erweckt den Anschein von Wissenschaftlichkeit. Unter anderem deuten Kreationisten das Phänomen des *fine tuning* als eindeutigen Beweis für ein gezieltes Eingreifen Gottes in die Welt. Der Münchener Naturphilosoph *Christian Kummer* weist jedoch darauf hin, dass die *Intelligent Design*-Theoretiker dem Anspruch auf wissenschaftliche Begründbarkeit ihrer Thesen in keiner Weise gerecht werden. Der Kreationismus sei keine wissenschaftliche, sondern eine ideologische Position.[91]

Der zeitweilige Erfolg kreationistischer Positionen ist daher auf andere Ursachen zurückzuführen. Möglicherweise spielt dabei, zumindest in den USA, die große mediale Präsenz eine vergleichbare Rolle wie die individuelle Faszination, sich mit Hilfe der *Intelligent Design*-Theorie für ein vermeintlich klares christliches Profil und einen Gegenentwurf zu Leid und Unmoral der modernen Welt entscheiden zu können.

Auf der anderen Seite ist es natürlich genauso bedenklich, wenn Darwinisten die Evolutionstheorie zu einer allumfassenden und alles erklärenden Grundtheorie des Lebens stilisieren. Aus theistischer Sicht gehen daher sowohl Kreationismus als auch Darwinismus von einem grundlegend falschen Verständnis der Welt aus. Insbesondere im Zusammenhang mit dem teleologischen Argument ist es wichtig, den entscheidenden Unterschied in den Auffassungen von Theismus und *Intelligent Design* klar zu benennen. Richard Swinburne formuliert die metaphysische Frage, warum überhaupt die Welt geordnet und strukturiert ist. Es geht in der Tat um die Frage, *warum* die Welt geordnet ist – und nicht um eine inhaltliche Auseinandersetzung über die Gestalt dieser Ordnung. Theisten gehen fest von der Gültigkeit der Naturgesetze aus. Auch die Prinzipien der Evolutionstheorie sind konsonant mit der Überzeugung, dass Gott die Welt erschaffen hat und im Sein erhält.

4.9. Das teleologische Argument heute

Von der griechischen Antike bis weit in die Neuzeit hinein zählte das teleologische Argument zu den wichtigsten Hinweisen auf die Existenz Gottes. Zwar wurden in den verschiedenen Epochen immer wieder auch Einwände vorgebracht, doch hielt man das Argument im Allgemeinen für stichhaltig und angemessen.

Mit Charles Darwins Entdeckung der Evolutionstheorie änderte sich die Situation von Grund auf. Die Prinzipien der Evolution kennen kein Ziel und keinen Plan. Es ging auf einmal nicht mehr um eine gewollte und beabsichtigte Entwicklung, in der die Existenz von Leben eine besondere Bedeutung hätte. Die Schönheit der Natur galt nicht mehr als geplant, sondern lediglich als zweckmäßig. Das Leben der Menschen ließ sich genauso erklären wie die Anwesenheit farbenprächtiger Vögel in den Wäldern Südamerikas oder trockener Gewächse in den Wüsten der Erde. All dies verstand man als Folge des Gesetzes, dass der Stärkere überlebt und dass sich die Arten über zahllose Generationen hinweg genetisch fortentwickeln und ihrer Umwelt anpassen. Man deutete den Verlauf der Naturgeschichte nicht mehr als Entfaltung eines von Anfang an bestehenden Planes, sondern als kontinuierliche, aber ungeplante und naturgesetzlich regulierte Entwicklung.

Das teleologische Argument hatte ganz darauf gesetzt, dass es ein Ziel und einen Plan gibt. Nun stellte sich heraus: Darwins Theorie war weitgehend plausibel – und die Teleologie schien widerlegt zu sein.

Spätestens als sich im 20. Jahrhundert die Urknalltheorie zum naturwissenschaftlichen Standardmodell der Entstehung der Welt entwickelte, änderte sich jedoch das Bild. Zum ersten Mal überhaupt waren Forscher in der Lage, über die Entstehung der Naturgesetze nachzudenken. Richard Swinburne hat gezeigt, dass das teleologische Argument kein Auslaufmodell ist, sondern an einer tieferen Erklärungsebene ansetzen und die entscheidenden Fragen stellen kann: Warum sind gerade *die* Naturgesetze gültig, die wir in unserer Welt erfahren? Und noch grundlegender: Warum ist das Universum überhaupt durch Gesetze geordnet und strukturiert?

Selbst wenn es eines Tages möglich sein sollte, eine einzige Theorie zu formulieren, aus der sich alle Gesetze und Konstanten, alle Parameter und Prinzipien des Kosmos ableiten lassen – *warum* eine solche Theorie gültig wäre und nicht einfach Chaos herrschte, ließe sich mit den Methoden der Naturwissenschaften nicht beantworten.

Der Glaube an einen Schöpfergott, der eine geordnete und strukturierte Welt erschafft, entspricht den Kriterien des modernen Rationalitätsverständnisses: Er steht in keinerlei Widerspruch zu den anderen Inhalten des christlichen Glaubens, ist voll und ganz zu vereinbaren mit allem, was wir von der Natur und ihren Gesetzen wissen, und er hat eine echte Bedeutung für die Erklärung unserer Welt.

Es ist daher vernünftig, wenn Christen davon ausgehen, dass es eben doch einen Plan gibt, der hinter alledem steht. Es ist plausibel, wenn Theisten glauben, dass Gott die Welt erschaffen hat, und zwar zielgerichtet als geordnete und strukturierte Welt, deren Gesetze so beschaffen sind, dass sich Leben entwickeln kann. Die Tatsache, dass der Mensch – als freies und mit Vernunft begabtes Wesen – in der Lage ist, die Besonderheit der Welt zu erkennen und ihre Schönheit als Hinweis auf die Existenz Gottes zu deuten, war schon immer ein fester Bestandteil der Theologie und ist auch mit den neuesten Erkenntnissen der Naturwissenschaften zu vereinbaren.

Der Glaube an Gott ist demnach vernünftig – aber er ist selbstverständlich nicht mit logischer Gewissheit als wahr bewiesen. Die Voraussetzung für die Annahme des Glaubens ist die persönliche Glaubenserfahrung und das Erleben der Nähe Gottes zu den Menschen und der Welt. Es ist jedoch von entscheidender Bedeutung, dass wir dieser Erfahrung trauen dürfen. Der gelebte Glaube beinhaltet zweifellos eine weltanschauliche Vorentscheidung und wird von vielen Menschen weder geteilt noch mitvollzogen. Aber er ist konsonant mit allem, was wir von der Welt wissen, und es spricht vieles dafür, auch in unserer Zeit der Option des Glaubens zu vertrauen.

Vor diesem Hintergrund hat die Diskussion der naturalistischen Alternativvorschläge zur Entstehung und Entwicklung des Universums erstaunliche Erkenntnisse zutage gefördert. Im Mittelpunkt der Debatte stand das Phänomen des *fine tuning*. Die Werte von mehr als zwanzig Parametern, Konstanten und kosmologischen Phänomenen, die die Voraussetzung dafür sind, dass das Universum eine lang anhaltende und hochkomplexe Entwicklung nehmen konnte, lassen sich mathematisch nicht herleiten und scheinen zufällig zustande gekommen zu sein. Die Schwierigkeit besteht darin, dass es derzeit so aussieht, als könnte das *fine tuning* aus grundsätzlichen Gründen nicht geklärt werden – weil die Werte in der Frühphase des Universums entstanden sind, in die wir keinen Einblick haben und die höchstwahrscheinlich gar nicht gesetzlich geordnet war.

Aus theologischer Sicht stellt sich der Sachverhalt relativ einfach dar. Zum einen wäre es denkbar, dass sich zu einem späteren Zeitpunkt doch noch eine naturwissenschaftliche Lösung finden lässt. In diesem Fall würde im Hinblick auf das teleologische Argument die grundlegende Frage Richard Swinburnes von Bedeutung werden, warum das Universum überhaupt geordnet und nicht einfach chaotisch ist. Zum anderen ist es natürlich auch vorstellbar, dass es tatsächlich keine plausible naturwissenschaftliche Erklärung für die Feinabstimmung gibt. Die Alternative, dass es sich um einen außergewöhnlichen Zufall handelt, scheidet aus. In diesem Fall wäre es daher vollkommen vernünftig, wenn Theisten davon ausgehen, dass Gott selbst der Grund für das ideale Zusammenspiel der Naturgesetze ist. Gott würde den Verlauf der Welt lenken, um die Naturgesetze zu erschaffen, aus denen heraus sich die Welt entwickeln könnte.

Dabei gilt es zu bedenken, dass dieses Argument für die Theologie nicht von besonderer Bedeutung ist. Es kommt auf die grundlegende metaphysische Frage an – und nicht auf Details der Weltentstehung.

Umso weniger einsichtig ist die Strategie vieler Vertreter der naturalistischen Position. Auch für sie scheidet die Möglichkeit aus, den bloßen Zufall für das *fine tuning* verantwortlich zu machen. Das anthropische Prinzip gilt ihnen als Notlösung, die in Bezug auf eine echte Erklärung der Feinabstimmung nicht weiterhilft: Das schwache Prinzip besagt nichts anderes, als dass man abwarten soll, was sich ergeben wird, und das starke Prinzip geht davon aus, dass es eine tiefer liegende mathematische Lösung gibt, die aber zurzeit noch nicht entdeckt ist. Beide Varianten ermöglichen zwar einen gelassenen Umgang mit dem *fine tuning*, können es jedoch nicht im eigentlichen Sinn erklären.

Wie verhalten sich viele Naturalisten angesichts dieser Situation? Statt abzuwarten, was die Zukunft an Erkenntnissen mit sich bringt, und auf das anthropische Prinzip zu verweisen, präsentieren sie eine ganze Reihe von Hypothesen aus dem Kontext der Multiversumstheorie. All diese Vorschläge beinhalten gewaltige Forderungen und Behauptungen, erklären aber gleichzeitig, dass es *per definitionem* nicht möglich sei, diese zu überprüfen.

Dieses Vorgehen bietet einigen Anlass für kritische Einwände. Es ist nicht nachvollziehbar, warum viele Naturalisten bereit sind, auch die absurdesten Theorien ernsthaft zu diskutieren und immer wieder ins Spiel zu bringen. Die naturalistischen Modelle an sich jedenfalls können kaum der Grund hierfür sein. Die einzige Erklärung, die sich anbietet, bezieht sich auf das Selbstverständnis des Naturalismus. Wie es aussieht, geht es den Naturalisten nicht nur darum, eine möglichst breite Plattform für die Anwendung der Methoden der Wissenschaften anzubieten und einzufordern. Stattdessen geht es um die Durchsetzung bestimmter Ziele und die Begründung einer atheistischen Sicht der Welt. Es ist keine Frage, dass es das gute Recht der Naturalisten ist, Vorschläge zu präsentieren und die Menschen mit Argumenten zu überzeugen. Es wäre allerdings redlich, hierbei mit offenen Karten zu spielen. Der Anspruch auf wissenschaftliche Objektivität und weltanschauliche Neutralität müsste dann jedenfalls aufgegeben werden.

Fazit

Warum gibt es die Welt? Widersprechen sich die Aussagen des Glaubens und die Erkenntnisse der Naturwissenschaften? Wie stichhaltig sind die Vorschläge des wissenschaftlichen Naturalismus?

In der Diskussion um diese Fragen steht für den christlichen Glauben einiges auf dem Spiel. Jeder Gläubige ist herausgefordert, seine Überzeugung mit dem naturwissenschaftlich geprägten Weltbild unserer Zeit zu vereinbaren. Aber es geht nicht nur um den Glauben des Einzelnen. Die christlichen Kirchen bringen ihre Positionen mit einiger Selbstverständlichkeit in gesellschaftliche Debatten ein und entfalten eine religiös und kulturell prägende Wirkung. Die Berechtigung dieses Anspruchs ist davon abhängig, ob die Inhalte des Glaubens plausibel sind und mit der Welt von heute in Beziehung gebracht werden können.

Die Untersuchung hat ergeben, wie notwendig es ist, dass Theologie und Philosophie die Frage nach dem *Warum* der Existenz der Welt und des Lebens stellen. Glaube und Naturwissenschaften widersprechen sich nicht, sondern ergänzen sich gegenseitig. Der Blick in die Kosmologie hat gezeigt, dass das derzeitige Standardmodell der Entstehung der Welt, die Urknalltheorie, mit den Glaubensaussagen des christlichen Theismus nicht nur zu vereinbaren ist, sondern dass beide Positionen sogar in besonderer Weise konsonant zueinander sind.

Die Vernünftigkeit des Glaubens lässt sich nur überprüfen, wenn man die Herausforderung durch den Naturalismus annimmt. Dieser tritt mit dem Anspruch auf, ein zeitgemäßes Bild der Welt zu zeichnen, das völlig frei ist von weltanschaulichen Überlegungen. Naturalisten glauben, dass dieses Bild *umfassend* und *vollständig* ist.

Es reicht nicht aus, grundsätzlich zu erklären, dass die Ambitionen des Naturalismus viel zu hoch gegriffen sind. Wenn die Theologie in dieser Debatte darauf vertraut, dass die eigene Position im Grunde selbstverständlich ist, überlässt sie dem Naturalismus die Meinungshoheit über die Deutung unserer Welt.

Stattdessen ist es notwendig, direkt in die Diskussion einzusteigen, die Thesen der Naturalisten beim Wort zu nehmen und kritisch zu prüfen. Das Ergebnis dieser Untersuchung könnte eindeutiger kaum sein: Die traditionelle christliche Position ist besser als ihr Ruf und muss vor den Argumenten des Naturalismus keineswegs in Deckung gehen. Im Gegenteil eröffnet sich ein weiter Raum, in dem die Bedeutung der Glaubensaussagen zur Geltung kommt. Damit ist keine *Lücke* im Weltbild der Wissenschaften gemeint, sondern ein Bereich, der die Grenzen dessen beschreibt, was der Mensch mit Hilfe wissenschaftlicher Methoden prinzipiell erkennen kann. Es ist vernünftig, wenn Christen die Frage, warum überhaupt etwas existiert und nicht einfach nichts, mit dem Hinweis auf das Handeln Gottes beantworten. Wenn Gott der metaphysische Grund allen Seins ist, dann ist er der Schöpfer und bleibende Urgrund der Welt. Dieser Gott ist nicht fern und unnahbar, sondern der liebende, allmächtige und ewige Gott des christlichen Theismus.

Die Aufgaben der Theologie sind damit nicht beendet, sondern nehmen hier erst ihren Anfang. Die christliche Deutung der Welt ist eine bleibende Herausforderung. Umso wichtiger ist es, den Grund und das eigentliche Ziel des theologischen

Denkens nicht aus dem Auge zu verlieren. Niemand hat es so vermocht wie Anselm von Canterbury, die innere Verbindung der Theologie und ihrer geistlichen Grundlagen zum Ausdruck zu bringen. Sein Werk *Proslogion* (griechisch, *Anrede)* über die Vernünftigkeit des Glaubens beginnt er mit einem Gebet:

„Lehre mich Dich suchen
und zeige Dich dem Suchenden;
denn ich kann Dich weder suchen, wenn Du es nicht lehrst,
noch finden, wenn Du Dich nicht zeigst.
Lass mich Dich verlangend suchen, suchend verlangen.
Lass mich liebend finden, findend lieben.
(…)
Ich versuche nicht, Herr, Deine Tiefe zu durchdringen,
denn auf keine Weise stelle ich ihr meinen Verstand gleich;
aber mich verlangt,
Deine Wahrheit einigermaßen einzusehen,
die mein Herz glaubt und liebt.
Ich suche ja auch nicht einzusehen, um zu glauben,
sondern ich glaube, um einzusehen.
Denn auch das glaube ich:
‚Wenn ich nicht glaube, werde ich nicht einsehen.'"[92]

Anmerkungen

1 Stephen Hawking, *Eine kurze Geschichte der Zeit* (Reinbek 1998) 184.
2 Vgl. Johannes Paul II., Enzyklika ‚*Fides et ratio*' (Bonn 1998) 5.
3 Zweites Vatikanisches Konzil, *Dogmatische Konstitution über die göttliche Offenbarung*, 12.
4 Thomas Nagel, *Das letzte Wort* (Stuttgart 1999) 191.
5 Lateran IV, Kap. 2, *Die Irrlehre Joachims von Fiore*, in: Heinrich Denzinger, *Kompendium der Glaubensbekenntnisse und kirchlichen Lehrentscheidungen*, hg. von Peter Hünermann (Freiburg u. a. [37]1991) 806. (Im Folgenden angegeben als: DH.)
6 Vgl. hierzu Armin Kreiner, *Das wahre Antlitz Gottes – oder was wir meinen, wenn wir Gott sagen* (Freiburg 2006) 240–252.
7 Ebd., sowie Lateran IV, Kap. 1. *Der katholische Glaube*, in: DH 800.
8 Erstes Vatikanisches Konzil, Konstitution ‚*Dei Filius*', 1, in: DH 3001.
9 Joseph Ratzinger, *Einführung in das Christentum. Vorlesungen über das Apostolische Glaubensbekenntnis* (Neuausgabe München 2000) 48.
10 Katechismus der Katholischen Kirche, dt. Ausgabe (München 1993) 268.
11 Erstes Vatikanisches Konzil, Konstitution ‚*Dei Filius*', 1, in: DH 3001.
12 Pius XII., *Le prove della esistenza di Dio alla luce della scienza naturale moderna*, in: AAS 44 (1952) 42–43.
13 Carl Sagan, *Cosmos* (New York 1980) 1. (Übersetzung T. D.).
14 Ansgar Beckermann, *Ein Argument für den Physikalismus?*, in: Geert Keil u. Herbert Schnädelbach (Hg.), *Naturalismus. Philosophische Beiträge* (Frankfurt 2000).
15 Johannes Paul II., Enzyklika ‚*Fides et ratio*' (Bonn 1998) 49.
16 Vgl. Richard Swinburne, *Die Existenz Gottes* (Stuttgart 1987) 31–54.
17 Gottfried Wilhelm Leibniz, *Über den ersten Ursprung der Dinge*, in: ders., *Fünf Schriften zur Logik und Metaphysik* (Stuttgart 1995) 35–36.
18 Pius XII., *Le prove della esistenza di Dio alla luce della scienza naturale moderna*, in: AAS 44 (1952) 41. (Übersetzung T. D.).
19 Vgl. Karl Raimund Popper, *Logik der Forschung* (Tübingen [10]1994) u. ders., *Objektive Erkenntnis. Ein evolutionärer Entwurf* (Hamburg [4]1988).
20 Vgl. hierzu Armin Kreiner, *Formen analytischer Rationalität*, 8, in: Günter Kruck (Hg.), *Gottesglaube – Gotteserfahrung – Gotteserkenntnis. Begründungsformen religiöser Erfahrung in der Gegenwart* (Mainz 2003).
21 Pius XII., *Le prove della esistenza di Dio alla luce della scienza naturale moderna*, in: AAS 44 (1952) 31. (Übersetzung T. D.).
22 Johannes Paul II., Enzyklika ‚*Fides et ratio*' (Bonn 1998) 93.
23 Thomas von Aquin, *In libros Aristotelis De caelo et mundo commentaria I*, 22.

24 Vgl. hierzu James Thrower, *A Short History of Western Atheism* (London 1971 = 1999).

25 Bernulf Kanitscheider, *Im Innern der Natur. Philosophie und moderne Physik* (Darmstadt 1996).

26 Adelardus von Bath, *Quaestiones Naturales*, hg. von Martin Müller (Münster 1934) IV, 8.

27 Isaac Newton, *Mathematische Prinzipien der Naturphilosophie*, hg. u. übers. von Ed Dellian (Hamburg 1988) 226.

28 David Hume, *Dialoge über natürliche Religion*, hg. von Günter Gawlick (Hamburg 1993).

29 Ebd., 20.

30 Wolfhart Pannenberg, *Das Wirken Gottes und die Dynamik des Naturgeschehens*, in: Wilhelm Gräb (Hg.), *Urknall oder Schöpfung? Zum Dialog von Naturwissenschaft und Theologie* (Gütersloh [2]1997) 139; vgl. auch Ders., *Natur und Mensch – und die Zukunft der Schöpfung. Beiträge zur Systematischen Theologie*, Bd. 2 (Göttingen 2000).

31 Dorothea Sattler u. Theodor Schneider, *Schöpfungslehre*, in: Theodor Schneider (Hg.), *Handbuch der Dogmatik*, Bd. 1 (Düsseldorf [2]1995) 206.

32 Wolfhart Pannenberg, *Theologie der Schöpfung und Naturwissenschaft*, in: Johann Dorschner, Michael Heller u. Wolfhart Pannenberg (Hg.), *Mensch und Universum. Naturwissenschaft und Schöpfungsglaube im Dialog* (Regensburg 1995) 146.

33 Antwort der Bibelkommission, 30. Juni 1909, in: DH 3518.

34 Vgl. Pius XII., Enzyklika ‚*Humani generis*', in: DH 3875–3899.

35 Thomas von Aquin, *Summa theologica*, lat.-dt., 36 Bde., hg. u. übers. von Dominikanern u. Benediktinern Deutschlands (Köln u. a. 1933 ff.).

36 Thomas von Aquin, *Summa contra gentiles*, Buch II, lat.-dt., hg. u. übers. von Karl Albert u. Paulus Engelhardt (Darmstadt 2001) II, 15.

37 Thomas von Aquin, *Summa theologica*, lat.-dt., 36 Bde., hg. u. übers. von Dominikanern u. Benediktinern Deutschlands (Köln u. a. 1933 ff.) I, 44, 2.

38 Ebd.

39 Thomas von Aquin, *Summa contra gentiles*, Buch II, lat.-dt., hg. u. übers. von Karl Albert u. Paulus Engelhardt (Darmstadt 2001) II, 16.

40 Vgl. Thomas V. Morris, *Our Idea of God. An Introduction to Philosophical Theology* (Notre Dame 1991) 141.

41 Augustinus, *De Genesi ad litteram XII*, hg. von Joseph Zycha, CSEL 28,1 (Wien u. a. 1894). Übersetzung von Carl Johann Perl: *Über den Wortlaut der Genesis, 2 Bde.* (Paderborn 1961 u. 1964) IV, 12.

42 Thomas V. Morris, *Our Idea of God. An Introduction to Philosophical Theology* (Notre Dame 1991) 141. (Übersetzung T. D.).

43 Albert Einstein u. Leopold Infeld, *Die Evolution der Physik. Von Newton bis zur Quantentheorie* (Hamburg – Wien [8]1962) 195.

44 Ludwig Plate, *Ultramontane Weltanschauung und moderne Lebenskunde, Orthodoxie und Monismus. Die Anschauungen des Jesuitenpaters Erich Wasmann und die gegen ihn in Berlin gehaltenen Reden* (Jena 1907) 55.

45 Werner Heisenberg, *Physik und Philosophie* (Stuttgart [6]2000) 67.

46 Albert Einstein, *Kosmologische Betrachtungen zur Allgemeinen Relativitätstheorie*, in: Sitzungsberichte der Königlich Preussischen Akademie der Wissenschaften, Heft XLV (1917) 145.

47 Vgl. O. Godard u. M. Heller, *Einstein-Lemaître: Rencontre d'idées*, in: Revue des questions scientifiques, 150,1 (1979) 29–30. (Übersetzung T. D.).

48 Georges Lemaître, *The Primaeval Atom Hypothesis and the problem of the Clusters of Galaxies*, in: Rapports et discussions du Conseil de Physique 11 (1958) 7. (Übersetzung T. D.).

49 Edmund Whittaker, *Space and Spirit. Theories of the Universe and the Arguments for the Existence of God* (London u. a. 1946) 119. (Übersetzung T. D.).

50 Pius XII., *Allocutio vom 7.9.1952*, in: AAS 44 (1952) 737. (Übersetzung Emanuel Straszewski).

51 Ebd.

52 Vgl. Quentin Smith, *Atheism, Theism, and Big Bang Cosmology*, in: William Lane Craig u. Quentin Smith, *Theism, Atheism and Big Bang Cosmology* (Oxford 1995) 195–217.

53 Vgl. z. B. Alexander Loichinger, *Frage nach Gott* (Paderborn 2003) oder Peter Vardy, *Das Gottesrätsel. Antworten auf die Frage nach Gott* (München 1997).

54 Vgl. William Lane Craig, *The Kalam Cosmological Argument*, in: ders. (Hg.), *Philosophy of Religion. A Reader and Guide* (Edinburgh 2002) 92–114.

55 Stephen W. Hawking, *Eine kurze Geschichte der Zeit* (Reinbek 1998) 11.

56 Ders., *Quantenkosmologie*, in: ders. u. Roger Penrose, *Raum und Zeit* (Hamburg 1998) 106.

57 Ders., *Eine kurze Geschichte der Zeit* (Reinbek 1998) 178.

58 Ebd., 182.

59 William Lane Craig, *Die Existenz Gottes und der Ursprung des Universums* (Wuppertal – Zürich 1989) 69.

60 Stephen W. Hawking, *Eine kurze Geschichte der Zeit* (Reinbek 1998) 148.

61 Vgl. ders., *Ist alles vorherbestimmt?* (1990), in: ders., *Einsteins Traum. Expeditionen an die Grenzen der Raumzeit* (Reinbek 1997) 138–139.

62 Ders., *Der Ursprung des Universums* (1987), in: ders., *Einsteins Traum. Expeditionen an die Grenzen der Raumzeit* (Reinbek 1997) 96.

63 Carl Sagan, *Cosmos* (New York 1980) 214–215. (Übersetzung T. D.).

64 Bernulf Kanitscheider, *Kosmologie. Geschichte und Systematik in philosophischer Perspektive* (Stuttgart [2]1991) 260.

65 Jürgen Audretsch, *Physikalische Kosmologie II: Das Inflationäre Universum oder der kosmologische Münchhausen-Effekt*, in: ders. u. Klaus Mainzer (Hg.), *Vom Anfang der Welt. Wissenschaft, Philosophie, Religion, Mythos* (München 1989) 100.

66 Ebd., 111.

67 Alan Guth, *Die Geburt des Kosmos aus dem Nichts. Die Theorie des inflationären Universums* (München 2002) 22.

68 Ebd., 37.

69 Edward P. Tryon, *Is the Universe a Vacuum Fluctuation?*, in: Nature 246 (1973) 396–397. (Übersetzung T. D.).

70 Alan Guth, *Die Geburt des Kosmos aus dem Nichts. Die Theorie des inflationären Universums* (München 2002) 401.

71 Ebd., 434.

72 Richard Swinburne, *Die Existenz Gottes* (Stuttgart 1987) 174.

73 Gottfried Wilhelm Leibniz, *Über den ersten Ursprung der Dinge*, in: ders., *Fünf Schriften zur Logik und Metaphysik*, hg. u. übers. von Herbert Herring (Stuttgart 1995) 35.

74 William Paley, *Natürliche Theologie*, hg. u. übers. von Hermann Hauff, Zusätze von Henry P. Brougham u. Charles Bell (Stuttgart – Tübingen 1837) 2.

75 Ebd., 13.

76 John Stuart Mill, *Drei Essays über Religion. Natur – Die Nützlichkeit der Religion – Theismus* (Stuttgart 1984) 154.

77 Vgl. hierzu Armin Kreiner, *Gott und das Leid* (Paderborn [2]1995).

78 Charles Darwin, *The Autobiography of Charles Darwin. 1809–1882*. With original omissions restored, hg. von Nora Barlow (New York 1958) 87. (Übersetzung T. D.).

79 Richard Swinburne, *Die Existenz Gottes* (Stuttgart 1987) 180.

80 Lee Smolin, *Warum gibt es die Welt* (München 2002) 46–47.

81 Vgl. Tonke Dennebaum, *Kein Raum mehr für Gott? Wissenschaftlicher Naturalismus und christlicher Schöpfungsglaube* (Würzburg 2006) 211–213.

82 Stephen Hawking, *The Anisotropy of the Universe at Large Times*, in: *Confrontation of Cosmological Theories with Observation Data. Proceedings of the Copernicus Symposium II 1973*, hg. von Malcolm S. Longair (Dordrecht – Boston 1974) 285–286. (Übersetzung T. D.).

83 Richard Swinburne, *Die Existenz Gottes* (Stuttgart 1987) 182.

84 Bernulf Kanitscheider, *Naturphilosophie, Kosmologie und das Anthropische Prinzip*, in: Jürgen Audretsch u. Klaus Mainzer (Hg.), *Vom Anfang der Welt. Wissenschaft, Philosophie, Religion, Mythos* (München 1989) 173.

85 Stephen Hawking, *Ist alles vorherbestimmt?* (1990), in: ders., *Einsteins Traum. Expeditionen an die Grenzen der Raumzeit* (Reinbek 1997) 138–139.

86 Vgl. Richard A. Healy, *‚How many worlds?‘*, in: *Noûs* 18, 4 (1984) 591–616.

87 Alan Guth, *Die Geburt des Kosmos aus dem Nichts. Die Theorie des inflationären Universums* (München 2002) 400.

88 Ebd., 401.

89 Ebd.

90 Mikael Stenmark, *Scientism. Science, ethics and religion* (Aldershot 2001) *ix*. (Übersetzung T. D.).

91 Vgl. Christian Kummer, *Ein neuer Kulturkampf? Evolutionsbiologen in der Auseinandersetzung mit dem „christlichen Schöpfungsmythos“*, in: Stimmen der Zeit 2/2008, 87–100, bes. 90–91.

92 Anselm von Canterbury, *Proslogion*, lat.-dt., hg. von Franz Schmitt (Darmstadt [5]1999) 83 u. 85.

Personenregister